主题活动组织　工作边界
职业发展　伦理问题
　　　　　工作思路
工作边界　心理课堂教学
团体辅导　主题活动组织　工作边界
　　　　　心理测评
危机干预　个案辅导
　　心理课堂教学

主题活动组织　工作边界
职业发展　伦理问题
　　　　　工作思路
工作边界　心理课堂教学
团体辅导　主题活动组织　工作边界
　　　　　心理测评
危机干预　个案辅导
　　心理课堂教学

心理·疗愈

心理老师的解忧杂货铺

中小学心理工作119问

主编 王雅 冯荫
副主编 谢晓燕 林红丽 翁卓祺

SPM 广东科技出版社
南方传媒 全国优秀出版社
·广州·

图书在版编目（CIP）数据

心理老师的解忧杂货铺：中小学心理工作 119 问 / 王雅，鲁洁主编. -- 广州：广东科技出版社，2024. 11.
ISBN 978-7-5359-8361-9

Ⅰ．G444-44

中国国家版本馆 CIP 数据核字第 20245PK267 号

心理老师的解忧杂货铺：中小学心理工作119问
Xinli Laoshi de Jieyou Zahuopu：Zhongxiaoxue Xinli Gongzuo 119 Wen

出 版 人：严奉强
项目统筹：颜展敏
责任编辑：李　婷
装帧设计：友间文化
责任校对：邵凌霞
责任印制：彭海波
出版发行：广东科技出版社
　　　　　（广州市环市东路水荫路11号　邮政编码：510075）
销售热线：020-37607413
https://www.gdstp.com.cn
E-mail：gdkjbw@nfcb.com.cn
经　　销：广东新华发行集团股份有限公司
印　　刷：佛山市迎高彩印有限公司
　　　　　（佛山市顺德区陈村镇广隆工业区兴业七路9号）
规　　格：787 mm×1 092 mm　1/16　印张15　字数295千
版　　次：2024年11月第1版
　　　　　2024年11月第1次印刷
定　　价：69.00元

如发现因印装质量问题影响阅读，请与广东科技出版社印制室联系调换（电话：020-37607272）。

编委会

主　　编：王　雅　鲁　洁

副 主 编：谢晓燕　林红丽　翁卓祺

编委会成员：

（按姓氏音序排列）

陈银欢　冯　荫　洪洁州　李　宁　乔翠翠　闫　芳

策　　划：安　夏

专业审读：洪洁州

作者简介

★ **主编　王雅**

高级教师、博士研究生、国家二级心理咨询师、国家亲子沟通培训师、华南师范大学大学生实践导师、中山市心理与健康教育指导中心成员、中山市心理卫生协会理事儿童青少年专委会常委以及中山市教育学会学校心理委员会副理事长，现任中山市中等专业学校德育处副主任。

参与编写出版教材和专著4本，发表了论文16篇，曾获广东省第二届中小学心理教师专业能力大赛一等奖以及"个体辅导方案"设计单项最佳奖等市级以上心育教科研奖40余项。主持参与市级以上课题5项、市级精品课程7项。曾在省级、市级经验介绍及专题培训近百场，2018年带领团队使所在学校被评为广东省中小学心理健康教育特色学校。

★ **主编　鲁洁**

四川省眉山市东坡区苏辙小学专职心理教师，同时兼任东坡区心理健康教育教研员、眉山市中小学心理健康教育学科中心组组长、四川省教育学会德育与心理健康教育分会理事。参与多项省市级课题研究，多篇论文获省、市一等奖。指导青年教师参加各级赛课，获得省市一、二等奖。所在学校被评为市级中小学心理健康教育特色学校，所在地区被评为四川省首批中小学心理健康教育引领区。曾获区级优秀学科教师、市级教育系统先进个人、市级青年五四奖章等荣誉称号。

★ **副主编　谢晓燕**

　　小学专职心理教师、国家二级心理咨询师、市级中小学心理健康教育中心组成员，曾获市级心理教师专业技能大赛特等奖，校园心理剧曾获广东省校园心理剧一等奖，微课获教育部三等奖。

★ **副主编　林红丽**

　　浙江省丽水市实验学校心理教师、初中部教科处主任，《中小学心理健康教育》期刊封面人物，国家二级心理咨询师、省心理健康教育A证教师，市德育带头人，市心理健康教育先进个人，市青联委员。曾获省心理教师专业技能大赛二等奖、市优质课一等奖、"一师一优课"省级优课；主持参与省、市课题10余项并获一、二等奖；发表论文40多篇。

★ **副主编　翁卓祺**

　　完全中学专职心理教师、国家三级心理咨询师、中级社会工作师。曾任教育部华中师范大学心理援助热线接线员，累计个案时长近2000小时。曾获省级教学能力大赛心理健康教育学科初中组一等奖、心理健康教育优秀成果评选二等奖。

★ **编委会成员　陈银欢**

　　广东省江门市实验小学专职心理教师，江门市心理健康教育兼职教研员，蓬江区教育系统危机干预小组副组长，蓬江区家庭教育指导团讲师。曾先后获得蓬江区"优秀教师""蓬江区名教师"、首批"蓬江教育人才"等荣誉称号。曾获广东省中小学心理健康教育活动课小学组二等奖，广东省第一届中小学心理教师专业能力大赛小学组一等奖。主持广东省教育科学规划课题和市心理健康规划课题，心育成果荣获广东省中小学心理健康教育活动成果三等奖。撰写的心理教育教学论文先后获国家级、省市级奖项逾20篇。

★ 编委会成员　冯荫

曾就职于特殊教育学校任特殊教育教师，目前任职于佛山市顺德区伦教北海小学专职心理教师，拥有特殊教育和心理健康教育双重教育背景。有自己成熟的辅导与授课风格。

★ 编委会成员兼专业审读　洪洁州

心理老师成长联盟的联合创始人，曾开发过《知你知我》心理桌游、心理学理论速查工具包、心理畅销书《团体心理游戏256例》等；独立主持并完成两项省级课题并获市级教育成果奖。在学校心理健康教育领域有丰富的实践和指导经验。

★ 编委会成员　李宁

新疆克拉玛依市北师大克拉玛依附属学校心理教师、家校合育主管，本科、硕士均毕业于北京师范大学心理学部。先后参加过中国心理学会临床注册系统一年制的危机干预人才培训项目、一年制系统式家庭治疗培训项目、两年制的认知行为疗法项目，后又持续接受个体督导和团体督导。

★ 编委会成员　乔翠翠

初中心理教师、国家二级心理咨询师、青少年生涯规划指导师、NCDA职业发展指导师、家庭教育指导师，曾获省级优质课二

等奖、市级优质课一等奖，市级"教学能手"荣誉称号。曾独立设计、实施《青春期性教育系列》《学习心理系列》《初中生涯教育系列》等校本课程。

★ **编委会成员　闫芳**

烟台经济技术开发区高级中学的专职心理教师，曾获得山东省中小学心理健康教育教师基本功大赛二等奖，多次获得省、市级优质课一、二等奖，主持开发的《预见未来》高中生涯规划校本课程获评山东省高中校本课程优秀案例。

★ **策划　安夏**

心理老师成长联盟的创办人，校园安全责任风险管理专家讲师。心理人的100种职业可能性、心理创业/自媒体交流社群主理人，也是本书的策划人。曾策划出版畅销书《团体心理游戏256例》，多次受教育局邀请为中小学校长、心理老师，提供学校心理工作相关法律风险应对的讲座。熟悉各地教育部门、学校的心理工作模式，对其中的痛点难点和解决方案有深刻的理解和丰富的实操指导经验。

做中小学生心理健康的守护者

感谢李婷编辑邀请我为《中小学生的心灵捕手》和《心理老师的解忧杂货铺》两本书写序。我感觉这两本书是姊妹书，其核心都是从心理的角度来阐述如何帮助儿童或青少年，以促进他们健康快乐地成长。

我也是一名心理学工作者，长期从事家庭咨询和家庭心理咨询师的培训工作，期间会接触到很多的儿童或青少年，深知解决他们心理问题的不易与艰辛。我也曾经在学校与老师和家长做过很多次以"解决儿童或青少年心理问题"为主题的讲座与工作坊，了解到孩子们在学校遇到的心理困境，以及学校领导、班主任、心理老师、科任老师和家长在应对孩子们心理问题上遇到的挑战。

儿童或青少年在学校呈现的心理问题，有着非常复杂的原因与背景。一个孩子的成长，通常与他经历的家庭环境、学校环境、社区环境和社会环境有关，因此孩子的心理问题需要从系统性和整体性方面入手才能得到有效解决，通常需要学校领导、班主任、心理老师、科任老师和家长的共同参与，而这些资源的整合与利用，则离不开学校心理老师的作用与努力。《中小学生的心灵捕手》和《心理老师的解忧杂货铺》的出版，无疑为综合解决中小学阶段孩子的心理问题提供了非常好的解决方案，也为学校领导、班主任、心理老师、科任老师以及家长提供了新的视角和思路。

《中小学生的心灵捕手》主要从如何解决当下中小学生的心理问题入手，分别从中小学生心理健康的研究现状，再到对他们心理问题的研究进展以及本书作者们在学校心理咨询第一线所积累的大量的咨询与干预经验，总结出来很多实用、有效以及处理孩子心理问题的干预心得与实践经验，这些探索和思考在中小学生心理问题突显的当下显得弥足珍贵。

而《心理老师的解忧杂货铺》一书，可以作为中小学心理老师或心理健康教育工作者的从业指南。本书几乎涵盖了这个领域的方方面面，从职业规划到工作方向，从职业伦理到工作边界，从个体、团体咨询到心理危机干预，可谓是中小学心理健康从业者的一个小型百科全书。由于本书作者都是工作在中小学心理教学与服务的第一线，所以他们总结出来的经验与体会尤为实用和宝贵。

两本书的作者都是长期在中小学心理健康领域里从事教学与咨询的一线工作者，对他们为中小学生的心理健康教育与服务工作所做的努力与付出表示敬意与钦佩。

相信这两本书的出版，能够带来对如何更加有效地干预中小学生心理问题的关注与探讨，以及对如何促进中小学心理健康教育与服务更多的思考与探索。

中国心理卫生协会注册督导师
中国心理学会注册督导师
广州沈家宏心理家庭治疗师
沈家宏
2024年7月

照亮心灵的明灯

只要看一眼目录，我保证你就会像我一样大声疾呼、奔走相告。这是市面上罕见的、把心理老师视为职场人士，传授如何打怪升级的核心秘籍，如果你还想成为心理教育方面的专家，那就更不能错过。

我建议你吃完速效救心丸之后再来阅读此书，因为内容过于现实和真诚，充满了作者深深地理解和共情，传授的方法又超级实用和高效，我怕你会激动的心动过速、血脉贲张。

十几年来，我不仅是衡水中学外聘的心理督导专家，还和近百所学校的心理老师们有过深入的交流。我深知学校心理老师这个岗位的独特性，至少表现为以下五个方面：

定位模糊：你可能以为自己是心理老师，只要专心做好咨询或者上好心理课就行了，但在学校领导眼中，你可能只是个打杂的，各种德育会议、安全检查、表格填写等琐事充斥在你的工作中，你会发现自己心理老师的活没干多少，救火的活儿却干的很多，你是心理老师还是消防员？你自己都搞不清楚。

孤军奋战：没有几所学校能像衡水中学那样，有十六名专职心理老师团队那么大的规模。大部分学校只有一两位专职心理老师，其他都是学科老师兼职，在心理课程研讨、疑难个案督导、心理活动策划等层面，完全是孤立无援，叫天天不应，叫地地不灵，你想找个同事诉诉苦都找不到。

权限为零：心理老师在学校就是小透明，很少能晋升到管理岗位，任何资源都调动不了。从专业角度出发，你想多做一些事情，但你会发现没人配合你。你需要从上到下打通关系，搞的情绪内耗超级大。

责任重大：心理老师本身都是一群有情怀的人，愿意付出爱与奉献。会自觉地投入工作，以一己之力扛下全校师生心理安全的重任，想想都觉得责任重大。遇到厌学、抑郁、暴力，甚至严重的精神疾病的学生，所有人都觉得心理老师应该"唰唰一下"就搞定才对，但我们心理老师也是普通人，哪有这么大的神力？真的是责任越大，压力越大。

前途迷茫：目前国内只有少数省份的心理老师有明确的晋升之路，大部分省份的心理老师都面临着职称、岗位晋升的难题。晋升无望的话，是转行还是转岗，是明哲保身、浑水摸鱼，还是不忘初心继续自费学习提升自己的心理能力为学校做贡献……

这本书，回答并解决了学校心理老师"岗位独特性"的所有问题，像五盏明灯，给我带来了能量，同样也会带给你。

"远光灯"照亮前程。从职业生涯规划的整体视角，为心理老师们铺垫了进步的阶梯。比如怎么做个好老师，怎么做个心理方面的好老师，怎么成为学校这个组织中的心理好老师，怎么科研，怎么比赛，如何使用资源，如何与领导沟通，如何实现个人的成长与突破……

"聚光灯"看清细节。立足学生辅导中的个案难题，为老师们指明了工作方向。比如心理老师怎么快速提升自己的辅导技能，家长不配合的情况下怎么保证咨询效果，学生抗拒咨询怎么下手……

"氛围灯"多元绽放。满足校园心理工作的多样化，开启心理老师工作的广阔视角。比如怎样上一节精彩的心理课，如何策划与带领团体辅导活动，如何打造特色的心理活动，如何开展有吸引力的心理测评……

"警示灯"规则突破。直面心理老师的内心价值观，激活心理老师的内在创造力。比如如何拒绝心理课被其他学科占用，学科老师兼任心理老师时要以怎么样的角色面对学生，领导安排主动找某学生咨询但又害怕给学生带来压力怎么解决……

"应急灯"保障安全。维护师生生命安全，构建生命安全通道。比如学校危机干预体系如何建立，面对危机时我们能做的是什么，危机干预时不能犯的错误有哪些，学校各岗位在危机处理时的角色分工……

最后，我想说《心理老师的解忧杂货铺》是一本值得每一个教育工作者阅读的好书。它用一盏盏明灯照亮了中小学心理健康教育工作的道路，让我们在教育的道路上更加坚定、更加自信。让我们一起携手，用爱和耐心去点亮孩子的心灵，为他们的健康成长保驾护航！

衡水中学外聘心理督导专家
KSM试卷分析提分法首创发明人
史果
2024年7月

心理教育工作者的"解忧杂货铺"

一位陌生老师的来电

在"心理老师成长联盟"（以下简称"联盟"）成立的初年，正值疫情第一年。某个忙碌的午后，联盟的助教手机突然响起，一位心理老师急切地通过微信语音电话与我们联系。这是首次有人如此迫切地向我们求助，我们都怔住了。往常的交流都是通过文字，从未有过老师直接拨打电话的情况。团队的成员们都感到意外，犹豫不决，最终决定先通过消息询问老师的需求。然而，那位老师坚定地继续拨打语音电话。经过一番商议，我们决定接起了电话。电话那头，老师声音哽咽，持续了半小时之久。我们只能默默地倾听，温柔地安慰，尽管心中充满了无助。

对于这位老师而言，我们不过是网络上一个陌生的公众号，电话这头的我们连朋友都算不上，但在她最无助的时刻，她却想到了向我们求助。我不禁思考，她是经过了多久的挣扎，才决定拨打这通求助电话。

这次经历深深触动了我。当时，联盟成立不足一年，公众号仅公益分享对心理老师有价值的内容和教研资料。我们并不清楚这些努力对心理老师的实际帮助有多大，我们只是坚持做着我们能做且应该做的事，却在不经意间，赢得了这位老师的信任。她认为我们可以为她提供支持。

我意识到，尽管我们所做的事情微小，如倾听、陪伴和资料分享，却能给予心理老师巨大的支持。因此，我不断自问：我们还能做些什么？后来，我与联盟的资深心理老师们探讨是否开设心理热线，为有需要的心理老师提供服务。许多合作的心理老师都愿意无偿参与，但最终我们放弃了这一计划，因为我们缺乏足够的志愿者来实现全天候的热线服务。单靠几位热情奉献的心理老师，无法满足众多远方伙伴的需求。

于是，我和我的团队开始探索更可行的方案。我们决定将公众号打造成心理老师工作的"解忧杂货铺"，针对心理老师的每个工作场景和困扰，整理相应的方法、对策和资料，定期更新在公众号上。这样，当他们需要帮助时，可以在公众号上迅速找到解决问题的资源，就像家门口的"杂货铺"一样触手可及。或许我们无法通过热线提供情感支持，但我们可以提供便捷且全面的资料、工作技能培训和专业答疑，从实际工作上为心理老师减轻负担、赋予能量。

联盟的理念：赋能心理老师

自那时起，为心理老师减负和赋能，便成为联盟的核心目标。

经过四年的努力，联盟已积累了近1000份工作资料、800多个原创心理课件和近300课时的工作技能培训课程。这些资料都是由联盟团队与各地区资深一线心理老师共同总结、梳理而成。它们详细介绍了心理老师该如何在学校心理各个版块开展工作的经验、步骤和方法策略。

如今，联盟的资料已相当完善，我们自豪地称之为心理老师工作的"百科全书"。然而，我们又发现了一个新问题：公众号后台常有心理老师求助，他们面临的问题在公众号中已有相应的指导性材料和教程，但他们找不到。

因此，我们意识到，仅有资料是不够的，还需优化搜索指引，以便老师们能更快地找到所需资源。2023年，我们有了更便捷的检索系统："心菁英进化岛"小程序，只要拿起手机就能快速找到资料，技术升级使资料查找和下载变得更为便捷。

心理老师"解忧杂货铺"的诞生

本书汇集了联盟成立四年来积累的所有有关心理老师工作的经验和资料，这些宝贵的资源都源自资深一线心理老师的无私分享。我们希望这本书能成为心理老师解决工作难题的得力助手。当您遇到棘手的工作问题时，只需翻开这本书，根据目录即可快速定位，找到相应的解决方案和思路建议。

我期望这本书能像"解忧杂货铺"一样，随时为心理老师"上架"新鲜便利的灵感和现成的工作思路。我们汇集了全国十万优秀心理老师的智慧，将其凝聚成一本书，随时随地陪伴在心理老师身边。在困惑之际，随手翻阅便能找到答案，这便是联盟存在的意义，也是这本书的价值所在。

学校心理工作的体系庞大且繁杂，本书将涵盖心理老师的主要工作场景，希望这本书能助您找到工作的方向和思路。在心理教育的迷宫中，我们愿与您并肩前行，共同探寻光明的出路。

本书的内容源于联盟的导师问答栏目。目前已有上千例问题的积累，限于出版篇幅限制和出版规定，我们提供了部分典型问题，若您对更多业内深度的问题感兴趣，或者阅读后仍有困惑，欢迎在联盟小程序发起导师问答。我们将邀请资深心理老师为您分享他们的工作思路。

心理老师的价值难以量化，但其存在至关重要。我们坚信，心理老师将成为许多学生人生道路上的重要引路人，这一职业也将受到社会的日益重视。这条道路或许崎岖，但联盟将始终陪伴在您身边，共同前行。感谢您对心理老师成长联盟及本书的关注与信任，让我们携手共进，为学校心理教育事业贡献力量！

心理老师成长联盟创办人
安夏
2024年6月

每一个疑惑，都值得被回应

亲爱的读者朋友们，欢迎您翻开这本由心理老师成长联盟策划、一线优秀心理老师团队共同精心编写的《心理老师的解忧杂货铺：中小学心理工作119问》。这本书的核心主题是围绕中小学心理老师和班主任在实际工作中可能遇到的各种问题和挑战，提供专业的解答和实操建议。我们成立"心理老师成长联盟"（以下简称"联盟"），是为了给那些在心理健康工作一线奋战的全国十万多专、兼职心理老师以专业力量的支持。但在实践中，我们发现，学校心理工作要做好并非易事。心理老师不仅需要有专业的工作技能，更要学会如何在一线复杂的工作场景中，灵活应对和使用各种行之有效的策略，才能真正回应学生、家长和学校的期待。我们深知，每一位教育工作者都是孩子们心灵的守护者，而助力您减轻所肩负的责任和挑战，是我们编写这本书的初衷。

本书正是在这样的背景和需求下应运而生。它不仅仅是一本简单的指南，更是一群资深心理工作者智慧和经验的结晶。书中汇集了来自学校一线心理老师亲身经历的心理工作困境，涉及学生、家长、班主任以及心理老师。这些困境和问题，都是教学一线老师曾经或者即将会遇到的工作挑战，也是我们从别人的工作经历中快速积累经验、快速成长的宝贵资源。

在应对学生心理问题的过程中，我们常常会感到困惑和无力。这些问题不仅严重影响学生的心理健康，也在不断消耗我们的时间和心力。很多时候，我们需要经历多次尝试和失败，才能找到解决问题的正确方法。然而，这些让我们"恍然大悟"的方法，可能只是前辈眼中的常识。因此，倾听有经验的前辈的指导，可以让我们少走弯路，更快地成长和进步。

编写这本书的目的，是希望通过分享同行的经验和智慧，帮助更多的班主任、德育老师、心理老师、其他教育和心理工作者更加从容地应对学生的各种心理问题，更加有效地开展心理工作。书中不仅提供了具体的解决方案，更重要的是，它传达了一种教育理念：心理工作首先是自助，然后才有能力去助人。希望这些案例，能让您在开展学校心理健康教育的各项工作中，少走弯路，更进一步！

我们相信，每一位老师都是带着对孩子们的热爱和责任感投身于这个职业的。然而，教育的道路并不总是平坦的，我们会遇到各种各样的挑战和困难。在这个过程中，身处一线的我们，需要互相支持，互相学习，共同成长。

本书不仅是一本工具书，也是联盟对所有教育工作者的一份关怀。我们希望通过这本书，让每一位老师都能感受到支持和陪伴，知道如何在处理学生心理问题时，平衡保密原则与必要的信息共享。了解心理老师与班主任、学科老师之间的职责界限，避免越界和错位。面对学生的心理危机，懂得自己的本职工作的责任边界在哪儿，知道如何及时介入、识别并采取有效的干预措施。

为更好地利用本书的价值，我们建议您：

1. 主动学习：把本书作为案头参考书，定期阅读和复习，不断提升自己的专业素养。

2. 实践应用：将书中的理论和方法应用到日常工作中，通过实践来校验和巩固学习成果。

3. 交流分享：与同事分享书中的知识和经验，共同讨论和解决工作中遇到的问题，提前模拟演练，以便处事不惊。

4. 持续更新：关注联盟的最新动态和资源，不断吸收新知识，适应教育发展的新趋势。

5. 针对性指导：遇到问题时，通过目录检索相关章节，获得针对性指导。

6. 补充内容：关注同行后续补充内容，获取不同视角的解决方案。

7. 提问与思考：学习如何提问和思考，提高解决问题的能力。

亲爱的老师们，让我们一起努力。无论您是刚刚步入教育、心理行业的新手，还是有着丰富经验的老教师，愿这本书成为您教育旅程中的良师益友，陪伴您迎接困难和挑战。让我们一起不断提升自己的专业素养，更好地服务于我们的学生，为他们的健康成长保驾护航。

"心理老师成长联盟"及编委会全体作者

2024年6月

作者推荐

---- 王 雅 ----

　　当你翻开这本书时,你正踏上一段寻找内心深处的奇妙旅程。这不仅仅是一本书,它更像是一张地图,指引你走向未知的领域。它如同一盏明灯,照亮你前行的道路,让你在探索中找到方向,不再迷失。这本书将作为你的良伴,与你一同探索更深层次的心理教育。它汇聚了众多同行的智慧与经验,让你可以在成长的道路上相互学习,共同进步。

　　愿这本书可以陪伴你度过每一个充满挑战与机遇的日子。相信在它的指引下,你将不断成长,成为更加优秀的心理老师。愿我们的努力化为孩子们内心深处最宝贵的财富,让他们在未来的日子里勇敢地追求梦想,成为自己人生旅程中的勇士。

---- 冯 萌 ----

　　有人戏称心理老师是深度"学习强迫症"患者,现实确实是这样的,针对现在学生心理问题的复杂化及家长教养方式的偏差,作为心理老师需要快速成长起来,尤其是知识与技能储备薄弱、实战经验不足的新手心理老师更是要及时给自己充电,本书就像心理工作的一盏指明灯,它聚集了经验丰富的一线心理老师的智慧结晶:当我们面对一些不知该如何处理的工作情境时;当我们对心理课堂不知如何把握时;当我们体验不到工作价值感时……可以快速地翻阅本书找到类似的情景案例,找到工作的灵感与思路,相信书中老师们的经历能给大家带来疗愈与启发。让学校心理人一起抱团成长,将心育之路越走越宽。

闫 芳

如今，全国各地的心理健康教育工作如群星熠熠，对于每一位心理人而言，这既是机遇，也是挑战。更庆幸，我们在心理老师成长联盟中相遇，分享困惑，分享经验，碰撞智慧的火花，生成最美的感悟，成为彼此前行路上最有效的助力。这本书，是心理老师成长联盟一次很棒的尝试，它不仅仅是一本心理老师的实用工具书，更像是以心理老师在工作中遇到的困难作为种子，串联起各地的心理人，集众人之所长，共同给予经验的阳光和智慧的雨露，让一个个困难和迷茫的种子最终开出璀璨的花朵，成为最美的风景。因此，困难并不可怕，因为有你，有我，我们一起努力，天堑终会变通途。

乔翠翠

学校心育工作也是件良心活儿。大多数学生、家长和同事不清楚心育工作具体怎么做，所以心理老师自主发挥的空间很大。心理老师是学校里最常"临危受命"的群体，一个危机个案就能耗费大量心力和时间……面对突发的、复杂的，有时甚至无能为力的个案，心理老师最需要随机应变、厚积薄发。这对初任老师、青年老师来说是一项不会终结的挑战。

成长之路的第一步是模仿他人成功的方法，第二步是在众多方法中有选择地使用和创新，第三步是逐渐形成个人风格。本书的面世，为心理老师的成长之路奠定前两步的基础，书中各位老师提供了被证实有效的问题应对策略，让准备还不充分的心理老师获得一丝启发、一点安慰，像前辈温暖的手掌抚在你我的肩头，轻声说"没关系，都能解决，你可以"，像未来已成长的你我回望今日尚不成熟的前行者，高声喊："没关系，不着急，一步一步走，总会到达更高的境界！"

李 宁

中小学心理辅导老师就像是一位经验丰富的向导，给青少年的成长提供必要的指引和支持，让他们在这段充满探索自我、理解情感和建立人际关系挑战的旅程中，获得成长。

一言不合就吵架，是天生反骨还是另有乾坤？不爱学习是因为娃懒？磨蹭拖沓是像了谁？还是因为激励方式出了错？学生来了咨询室啥也不说怎么办？出现了重大心理危机怎么应对？

有娃的中小学家长可以从这本书中找到共鸣和解决之道，班主任可以从这本书中掌握更多的学生"管理"方式，心理老师更能从这本书里获得工作支持和思路。开卷有益，让我们一起学习吧！

── 陈银欢 ──

回眸耕耘路，心理老师的职业生涯可以说是从"独行"到"众行"，从"盲人摸象"到"按图索骥"。如果说学校心理老师的工作是一路升级打怪的王者游戏，那么这本书，能成为宝贵的经验值，高效地赋能心理老师的职业成长。学校心理工作是一项面向师生和家长服务的发展性工作，心理老师经常要面临各种议题并寻找解决之道。但这类的实践经验资源非常缺乏，作为一线的心理老师能从书中找到同类问题的解决思路，更轻松地开展心理测评、家校沟通，处理危机事件及个人成长等重要的议题。拾来时星火，聚前行之光。书中提炼心理工作常见的场景和困境问题，聚集了多位资深心理老师的实操思路，可作为刚踏入职场心理老师的"小红书"。

── 洪洁州 ──

这本书是联盟知识共创的又一杰作。来自心理老师成长联盟近万名会员老师的贡献，让我们知道了，原来在学校里会发生那么多复杂又难以搞定的问题。而这些难题，来自一线的诸多优秀老师，用他们工作多年所积累的"潜经验"，一一化解，提供了诸多现实可用的处置经验和工作思路。这些"潜经验"往往是一个人在工作中要费尽心力、费尽半生时光才能知晓的，现在，一本书就可以全部告诉你。我们希望，透过这些问题，我们能发现，虽然心理健康教育任重而道远，但我们依然可以从复杂的问题中，抽丝剥茧，找到解决的办法和思路。让学校心理健康教育工作，不止于前，行则将至，做则必成！

── 鲁 洁 ──

作为一名区级教研员，我深知儿童青少年心理问题的复杂性和影响性。作为心理老师和班主任，我们常常面临着工作中的各种挑战和处境。这本书涵盖了学校心理工作的各个方面，既有理论知识，又有实操技巧，无论是新手老师还是资深心理工作者，都能从中受益。你值得拥有此书，不仅仅是因为它提供了丰富的一线心理工作经验，更因为它是一本温暖而充满爱的指南，饱含智慧和经验的宝藏。在这里，你将找到应对挑战的策略，在这里，你将感受到关怀和支持的力量。无论你是一位班主任、一名心理老师，还是一个关心孩子心理健康的家长，这本书都会成为你不可或缺的助力。它不仅是一本学习的工具，更是一个陪伴、指引和启发的伙伴。

林红丽

边玉芳教授说过，心理老师自我关怀的根本是读懂孩子、专业成长。在所有学科老师中，心理老师很少，以前的我们有时会觉得很孤单，不确定该怎么做，不知道做得对不对，不清楚怎么做才更好。在心理老师成长联盟，一个个心理老师聚在一起，让我们感受到温暖的同时也变得更有力量和方向。

联盟的"导师提问"版块像我们心理老师的"解忧杂货铺"，我们在开展学生、家长和老师心理工作时常会遇到各种各样的问题，当我们向"解忧杂货铺"提出问题时，或早或晚，总有老师回复你。我们发现，我们并不孤单，我们所遇到的问题，原来大家都遇到过；我们发现，原来这件事情还可以这样处理；我们发现，其实我们做得还不错。在这里，我们不再"单独作战"、不再"自我怀疑"。现在，这个"解忧杂货铺"终于变成了一本书，它把大家的困难和挑战整理出来，也把大家的智慧回答集结在一起。推荐你一起阅读，看看来自一线老师知识共创的力量。

翁卓祺

我初入职时，学校的一切心理工作皆是空白，我极度惶恐。于是约见了某位区内前辈，在两个小时的下午茶时间里，得到人生第一份内容丰富的从业指引：如何让领导看见自己的工作、如何将琐碎的材料可量化……一晃十年，前辈教导仍历历在目。我也将他传授的框架逐步细化，融入校园的日常工作中。我时常感恩遇此贵人。只是，这样的一对一口口相传毕竟有限，交流内容也非常零碎，更不能时刻在他人身边提点具体的事情。我一直在想，如果有一本书，能按主题分类，详细描述各种紧急的、无厘头的、两难的工作困境，让新老师读后像吃下定心丸：原来，前人们走这条路的时候也是这样，我不是孤单一个人……这该多好！

现在，真的有这样一本书面世了。本书不但有系统的工作分类，还有具体的主题问答。问题的回应并非标准答案，但有许多心理老师的经验之谈，能带来不同视角的启发。我非常荣幸参与本书的撰写，在此诚挚推荐。希望这本书像一把伞，能陪伴大家在疾风骤雨的环境中，从容漫步。

---**谢晓燕**---

在我眼中，学校的心理工作是独特的，特别独立，特别烦琐，也特别重要。说它独立，是因为这是一个单独的工作系统，是依赖于心理老师的专业而进行的工作，别人取代不了。说它烦琐，是因为它跟很多部门联系紧密，又需要涉及学生大大小小的事情。说它重要，是因为心育润物细无声，它与学生的种种，诸如个性、交友、亲子等息息相关。

这本书，集许多一线专职心理老师心血于一体。如果你是新手老师，那么在里面你可以寻找到你职业路上大概率会面临的各种奇奇怪怪问题的解决之道；如果你是经验丰富的老师，在里面，你可以找到很多志同道合的同行对你处理问题方法的支持，也可以从不同角度给予你建议。总之，这是一本不可错过的书。

---**安　夏**---

这是一本由联盟万名会员老师和一线优秀导师知识共创的好书，其价值，真正在学校心理健康工作一线奋战的老师会深有体会。未来，我们将与更多一线心理工作者合作，出版更多来自一线经验、服务一线的优质好书。

如何使用本书？

《心理老师的解忧杂货铺：中小学心理工作119问》是一本专为中小学心理老师设计的实用手册，旨在为心理教育工作者提供专业的指导和支持。本书通过简约的问答形式，覆盖了学校心理相关工作者在职业发展、教学方法、伦理问题、工作边界、心理测评、主题活动组织、危机干预等多个方面可能遇到的问题，为心理老师、班主任以及所有教育工作者提供处理学生心理相关工作，提供了实操性强的解决方案和可行性建议。

如何使用本书？

本书按照学校心理相关工作者的从业逻辑来编排目录结构，读者可以方便快速地定位所需章节。第一章是对学校心理工作者的职业规划与建议，让他们先理解职业角色的定位和可能的发展路径。第二章的工作方向与思路，则是提供给心理老师如何开展相关工作的灵感思路，使其建立更为宏观的工作视野。例如，撰写新学期工作计划、构建学校心理辅导体系、系统地建立家校共育机制等。第三、四章的职业伦理和工作边界，则是重中之重，学校心理工作中有非常多的问题，都与此有关，包括心理辅导时要遵守的保密原则、与学生建立关系的方式，以及如何处理与家长和班主任的沟通问题，明确班级管理与心理健康工作的界限，如何与班主任分工合作等等。不管是班主任，还是心理老师，都需要清楚自己的工作职责和伦理边界，才能不犯错。从第五章开始，才是具体的各个工作版块的详细介绍。读者可根据需要查看。

如果您是校长或分管心理工作领导

在中国的教育生态中，一个学校的校领导的眼界，代表了一个学校发展的高度。那些在教育领域享负盛名的优质名校，无不重视学生的心理健康，以及将心理健康教育工作作为学校教育的核心特色之一。为了让这本书为您及您学校产生更大的价值，建议您这样使用本书：

1. 重点阅读与学校心理健康教育工作相关的关键章节，如第二章，这将有助您对学校心理工作建立一个最小必要认知及产生直观的感受。第三、四章的职业伦理边界，能让您迅速了解在学校的心理工作中，班主任和心理老师可能会面对哪些复杂的处境。

2. 书中关于心理危机干预相关工作的第十、十一章，详细介绍了校内可能出现的学生心理危机典型事件，包括抑郁、非自杀性自伤行为、欺凌、家暴等可能引起重大安全责任事故的事件。其中的案例，可以作为学校心理危机干预小组的培训指导方案，方便小组成员清楚涉及自身的相关职责和操作步骤。不管是在预防学生心理危机时，还是在心理危机已发生时。校长是学校安全责任第一人。希望这些案例能引起校方的注意，能让学校对所承担的规避学生心理健康危机的教育挑战，保持一定的敬畏。

3. 您还可以将本书，作为一份礼物，赠送给学校里的专、兼职心理老师和班主任们。他们是直接面对学生的群体，也是建设学校心理健康特色的排头兵。本书包含了心理健康工作方方面面的工作技能，您可以通过赠送本书，表达您对他们工作的支持和重视，一举两得。

如果您是班主任

不管是"赶鸭子上架"的新手班主任，还是"专家级"的班主任，都可能遇到各种各样的学生和问题。本书可以帮您快速积累经验，开阔您的视野。建议您这样使用本书：

1. 您可以重点阅读与班主任工作相关的章节，尤其是第三、四章中，有关心理工作和班主任相关的伦理边界议题，这有助于当您需要和心理老师一起协同解决学生心理困扰时，清楚自己的角色和职责边界所在，避免"越俎代庖"或"袖手旁观"。

2. 您如果学有余力，可以尝试了解书中关于心理老师的工作内容，心理老师和班主任的工作有许多地方是重叠的，包括面向学生个体的辅导和面向团体的辅导，以及开展相关心理活动、心理班会课技能等等。在很多地区，班主任需参加心理健康ABC证的培训，培训后成为兼职心理老师，此目的也是鼓励班主任能学会用心理老师的方法开展学生工作。优秀的班主任，无不十分擅长。

3. 同样地，您还可以详细阅读书中第十、十一章中关于"心理危机的预防、识别和干预工作"的内容。因为，一旦学生自伤、自杀或伤害事件在您的班里出现，您得懂得学校如何处理这些事件的干预流程。同时，您更需要了解班主任在其中应该承担什么角色，怎么做才合规，不会因问责而承担不必要的法律责任。

如果您是心理老师

这是一本专门为心理老师量身定制的案头工具书。当您有空时，请务必花点时间看完本书。本书可以说是一本针对中小学生开展心理工作的知识地图，为了您更好地开展工作，建议您这样使用本书：

1. 如果您是新手老师，可以按章节顺序逐章阅读本书，以建立对学校心理老师工作的全面认识。书中的内容将帮助您快速了解职业发展和相关工作版块的开展方向。

2. 书中关于心理危机预防、预警和干预的最后两个章节，您可以在给班主任、家长或其他人群培训时，将其作为建立心理危机工作框架和培训指导的素材，让受训对象进行演练，有助于巩固自身对心理危机干预工作流程和技能的应用。而这么做，也能快速让您成为心理危机干预工作的"校内专家"。

3. 如果您是经验丰富的老师，希望本书中提供的经验，能为您开展心理工作提供更多思路和助力。此外，您也可以直接将本书中的内容，作为培训或上课、科普的素材。当然，我们也希望，您能不满足于吸收别人的经验，愿意尝试成为我们下一本书知识共创的合作者，将您在工作中的心得和"潜"经验，变成图书作品。

4. 不管是哪类老师，都可以考虑将本书推荐（或作为礼物）给您工作中的合作伙伴，如班主任、学科老师。让他们了解心理老师工作中的挑战，增进大家对心理老师开展的心理工作有全局的认识，继而认同心理老师工作的专业度，理解心理老师时常处于两难的工作处境。

学习提醒

本书提供的处置思路和案例分析，不能反映心理工作的全部现状。限于篇幅，以及一线老师提供案例的背景信息可能不全面，回答也不能覆盖全部必要的知识技术，并可能包含个人主观分析成分。

书中对学生的心理困扰所做的各项判断和建议，不能替代专业心理治疗机构的诊断。请避免自行对号入座，给孩子贴上"有心理问题"的标签。

对于儿童青少年的心理困扰，要用发展的眼光看待，避免过早定性。如果怀疑孩子存在心理问题或需要专业治疗，请务必通过专业的心理治疗机构寻求帮助，只有具备资质的心理医生才能进行心理诊断和治疗。

在实际工作中，应严格遵守心理工作的伦理原则，保护学生隐私，避免不当行为。

心理工作是一个不断发展的领域，读者应持续关注最新的研究成果和行业动态，以提升专业能力。如果您是心理老师，在处置儿童青少年心理问题时感到困惑，可以关注"心理老师成长联盟"获取专业资源和交流平台。

在心理测评和干预工作中，遵守《精神卫生法》等相关法律法规，确保专业行为的合法性。

如果在阅读本书过程中有任何疑问或发现问题，欢迎通过指定邮箱bd@qnxsx.com向我们反馈，我们将及时提供回复和解答。

致谢

感谢所有为本书的编写和出版作出贡献的人员，包括但不限于：

1. 一线老师：他们分享了宝贵的实践经验、困惑和工作智慧，为本书的编写提供了坚实的基础；

2. 编写团队：他们为本书案例提供了专业的回答和指导，使本书更加严谨和科学；

3. 广东科技出版社的编辑团队：他们精心编辑和校对本书，使其更加易读和实用；

4. 案例贡献者：他们提供的案例，让我们见识了学校心理工作和儿童青少年心理问题困扰的复杂性，使本书得以反映学校心理健康教育领域的严峻局面。

目录
CONTENTS

第一章
职业规划与建议

1. 作为新入职老师，该如何做好上岗前的准备工作？/ 002
2. 心理老师如何让自己快速成长？/ 003
3. 线下资源匮乏的情况下有什么方法或途径提升自己？/ 006
4. 对新入职的心理老师有什么建议？/ 008
5. 领导不重视心理课，排课时总被其他科目占用，该如何与领导沟通？/ 012
6. 学校不开设常规心理课，怎样突破职业发展困境？/ 013
7. 向学校申请开设心理课，有没有好经验或建议可以分享？/ 015
8. 很喜欢心理学专业，但很反感心理课、咨询等心育工作该怎么办？/ 016
9. 新入职的小学心理老师该如何开展工作？/ 018
10. 学校的心理工作要从零开始，我该从哪方面入手？/ 019
11. 新手老师该如何平衡心理辅导和其他工作？/ 021

第二章
工作方向与思路

12. 新学期的工作计划该如何撰写？/ 024
13. 新手老师如何构建完整的学校心理辅导体系？/ 025

14. 如何系统地建立家校共育机制？/ 026

15. 独自承担初高中所有心理健康课，如何有效整理跨年级教学大纲？/ 027

16. 准备参加教学比赛，通过什么途径寻找设计灵感和资源？/ 029

17. 构建小学生涯规划的校本课程体系应该从哪方面着手？/ 030

18. 学校要成立生涯教育教研组，规划设想如何起草？/ 031

19. 如何申报心理课题？有哪些建议或学习渠道？自行投稿成功率如何？/ 032

20. 第一次申报心理健康微型课题，该从哪里从着手？/ 033

21. 如何设计教师减压讲座，讲座中可以做哪些活动？/ 035

/ 第三章 /
职业伦理

22. 心理辅导保密原则的界线在哪儿？什么情况下需与家长/班主任沟通学生情况？/ 038

23. 上课和心理辅导时该如何与学生建立关系？/ 039

24. 同时担任科任老师的心理老师，该以怎样的角色面对学生？/ 040

25. 是否应该把老师的个人微信、电话公布给学生？/ 041

26. 班主任希望了解学生的咨询详情，我应该告诉她吗？/ 043

27. 家长想了解心理辅导内容，认为学生有问题是因为老师，该怎样和家长沟通？/ 044

28. 因被学生冤枉遭家长质疑，我该怎么处理？/ 046

29. 某老师在演讲时提到抑郁同学，这样做妥当吗？/ 048

30. 学生通过QQ咨询心理问题，做不到共情怎么办？/ 049

31. 学生经常通过钉钉问问题或闲聊，我该如何设置边界？/ 051

32. 需要重点关注的学生经常通过QQ倾诉，我应该无条件帮助还是设置好边界？/ 053

第四章
工作边界

33. 班级管理跟心理健康工作的界限在哪里？如何和班主任分工明确？／056
34. 如何拒绝其他科任老师的要课申请？／057
35. 学校对心理老师的期望较大，新手老师该如何定位自己的发展，以回应大家的预期？／058
36. 心理老师应该主动找学生做辅导吗？／060
37. 心理辅导工作和学生家庭内部问题的边界如何界定？／061
38. 医生可以上门给学生出具诊断并让其休学吗？／063
39. 学生抗拒接受心理治疗，我应该陪班主任去家访吗？／064
40. 学生预约了心理咨询却没来，我该怎么办？／065

第五章
开展心理主题教学

41. 一堂好的心理课的标准是什么？小学的心理课该怎样上？／068
42. 学校要求团体辅导课的学生由老师挑选，这种做法妥当吗？／069
43. 说课比赛该如何准备？／072
44. 如何准备教研会组织的心理课比赛？／073
45. 怎么做才能让心理课的课堂既有秩序又气氛活跃？／075
46. 高中班级学生较多，如何调动积极性、上好一堂心理课？／076
47. 学生在心理课上写作业，屡禁不止怎么办？／077
48. 在心理课上，老师如何处理因分组选队长产生的分歧？／080
49. 为什么学生在心理课小组讨论时非常热烈，却不愿个人分享？／081
50. 初二学生在心理课上的分享意愿很低，让我很受挫，再有类似情况该怎么办？／082

51. 五六年级心理课纪律混乱，如何判断目标是否达成？/ 084
52. 学生觉得心理课无聊，我该如何改善？/ 085
53. 高二同学影射心理课是在"喝毒鸡汤"，新手老师应该如何设计课程？/ 087
54. 学校领导让我开展一场防校园欺凌的心理健康教育主题活动，我应该如何着手？/ 088

/ 第六章 /
开展个体心理辅导

55. 心理咨询和心理辅导的区别是什么？初中生开展个别心理咨询还是心理辅导更合适？/ 092
56. 有哪些个体心理辅导的心得可以传授给新入职的心理教师？/ 093
57. 刚入职的老师如何提高校园咨询技能以助于个人成长？/ 094
58. 心理老师一般如何应对抑郁症、自残、因学习压力大想跳楼等危机情况？/ 096
59. 大多学生的心理问题都源于家庭，在很难与家长沟通的情况下，该如何辅导学生？/ 097
60. 咨询时心理老师应该怎么做记录，既避免学生不舒服又不遗漏重点？/ 098
61. 辅导时学生不说话，该怎样和他沟通？/ 101
62. 怎么缓解学生对心理辅导的抗拒态度？/ 103

/ 第七章 /
带领团体心理辅导

63. 学生参与沙盘、室外团体辅导时容易躁动，可以用有趣的对答口令快速整顿纪律吗？/ 106
64. 给非自愿求助的学生开展团体辅导，如何开展并消除阻抗情绪？/ 107
65. 如何针对问题学生的家长开展心理工作坊？有哪些主题可以选择？/ 109
66. 如何设计以"善于表达自己的情感"为主题的团体辅导活动？/ 110
67. 让多动症孩子融入班级的团体辅导活动该如何开展？/ 113

68. 初一年级学生有攻击行为，影响同学关系，如何开展团体辅导？/ 114

69. 带领高中的大团体辅导时该如何控场？/ 117

70. 给高三学生做团体辅导活动，但效果较差（不愿参与/开小差），该怎么改进？/ 118

/ 第八章 /
实施心理测评工作

71. 心理健康普查和心理危机排查两者有什么区别？各自需要哪些存档材料？/ 122

72. 需要给初一新生做开学普查吗？怎样做效果更好？/ 123

73. 如何准备开展心理普查的家长动员会？/ 125

74. 是否应该给学生看心理测评结果？/ 128

75. 对疑似心智发育水平低的三年级学生开展测评，该如何选量表？/ 129

76. 对预警学生访谈，记录不完整，我需要担责吗？/ 130

77. 学生MHT测验分数有三种因子超过了正常范围，该如何处理？/ 131

78. 如何应对普查后班主任的提问？/ 133

/ 第九章 /
策划心理主题活动

79. 如何区分心理问题和行为问题？如何向班主任科普？/ 136

80. 如何打造一个既能促成学生改变，又有吸引力的心理社团？/ 137

81. 心理社团应该怎样建立及维护呢？/ 139

82. 如何在小学开展"5·25"心理健康日活动？/ 140

83. 如何鼓励高一学生参加班级心理委员竞选？/ 142

84. 小学高年级应该怎样用好心理委员？/ 143

85. 学校让我开一节预防校园欺凌的公开课，我该怎么上好这节课，从哪个角度入手？/ 144

第十章

危机的预防、预警和干预

86. 听说学校心理危机干预工作很难做，有哪些客观存在的难题？/ 148
87. 怎样和校长沟通心理危机干预工作的重要性？/ 149
88. 心理危机干预工作和心理老师有什么关系？/ 151
89. 心理危机干预工作和班主任有什么关系？/ 154
90. 在心理危机干预中要避免犯哪些错误？/ 155
91. 心理老师如何在开展心理危机干预工作时保护好自己？/ 157
92. 心理危机干预工作预案包含哪些内容？/ 159
93. 开展学校心理危机干预工作的关键切入点是什么？/ 160
94. 对新手老师而言，应该如何更好地开展心理危机干预工作？/ 162
95. 如何制订危机干预培训方案？从哪些途径寻找培训课件资源？/ 164

第十一章

心理危机问题的应对与处置

96. 请问心理危机一定是重大事件吗？/ 168
97. 疑似抑郁症学生有自残倾向，该如何介入处理？/ 168
98. 学生存在跟风割腕现象，该如何介入处理？/ 170
99. 学生手臂自伤严重，曾虐猫虐狗，怀疑有被害妄想、反社会敌对，如何处理？/ 171
100. 学生因为情绪问题出现爬栏杆想跳楼行为，该如何介入处理？/ 173
101. 学生因上课违反纪律被抓，情绪很激动想跳楼，请问该怎么去辅导？/ 174
102. 学生给老师微信留言有自杀念头，不想回校，干预工作该怎么做？/ 176
103. 有情绪困扰的学生就医后，想返校学习，需要医生开具证明吗？/ 177

104. 学生来访后评估其危机程度很高，但班主任/家长认为孩子撒谎，如何处理？/178

105. 重度抑郁、自杀未遂的学生可以返校吗？如何与领导、家长沟通？/179

106. 学生确诊抑郁焦虑后，上午回校下午回家，我们能建议就干脆在家休息吗？/180

107. 班主任确诊重度抑郁症，自述有自杀/伤人念头，学校应怎么帮助她？/182

108. 学生诊断为中度抑郁时，让家长带去治疗但家长没有做，目前病情严重了，该怎么办呢？/183

109. 小学生被诊断为中度抑郁，要采取措施如建议休学、跟领导反馈吗？/185

110. 女生遭遇殴打、拍照和视频传播，学校一些学生传播谣言，如何疏导女生？/186

111. 本校生与外校生发生欺凌事件，该如何处理？/190

112. 女生被欺凌后有轻生念头，各方都做了努力，欺凌者却没悔改，要怎么做呢？/191

113. 医生同意自伤自残学生可以返校，返校后该如何跟进处理？/192

114. 因心理问题休学的学生，返学后的访谈要怎么做？/194

115. 确诊为精神分裂症的学生返校后，心理老师可以做些什么？/195

116. 在家服用大量安眠药的学生，返校后该如何跟进？/197

117. 因控辍保学让学生来校，但他也不愿学，班级氛围差，该如何入手处理？/200

118. 班级同学突发车祸去世，怎么对整个班级团体进行干预和疏导呢？/201

119. 室友目睹女生自残后出现情绪反应，怎么对该室友进行辅导呢？/203

/ 后 记 /

这本书的出版是一次知识共创的实验/205

第一章

职业规划与建议

1. 作为新入职老师，该如何做好上岗前的准备工作？

适用对象：心理老师　　**适用场景**：教室、辅导室

陈曦 回答
专职心理教师、一级教师、学校督导评估部主任、重庆市南岸区教育学会家校社共育研究会副秘书长。

> **匿名 提问**：第一个问题，我九月份正式入职，目前还有一个多月的自由时间，我想利用这段时间提前做一些准备，该从哪方面着手呢？第二个问题，第一年的工作对新入职老师来说很重要，我该把工作重心放在哪里呢？

心理老师入职前的确是需要做好准备。

1. 入职前一个月需要准备什么？可参考以下三点：

（1）复习心理学基础知识：利用自由时间学习心理学的基础知识，包括发展心理学、教育心理学、社会心理学、心理咨询、团体辅导技能等，为未来开展心理教学、个体辅导和团体辅导等工作打下坚实的基础。

（2）了解学校文化和教育理念：通过阅读学校的官方文件、与同事交流、参观校园等方式，了解学校的教育目标、教学风格和师生互动方式，以便更好地融入学校环境。

（3）准备教学材料：在正式入职之前，可以开始准备一些教学材料，如课程计划、教案、PPT等，并参考其他心理老师的教案和经验，结合自己的教学风格和目标，制订适合学生的教学计划。

以上三点可归纳为：做好计划，提前熟悉，早做准备。

2. 入职后第一年的工作重点在哪里？

（1）第一重心在课堂，通过心理健康课堂提升全体学生的心理防护意识，关注全体，用"治未病"的理念开展工作。不知道你学校是否开设有专门的心理健康课，如果有，建议多花一些时间去磨砺自己的课堂，走近学生，了解学生，根据他们的身心发展规律，去探讨和解决学生的真实困惑，给予他们心理支持。那么，如何磨砺自己的课堂呢？心理老师成长联盟上有很多精品心理健康课，也有很多微信公众号会推出一些很好的示范课，供你学习、模仿、再加工，在实践中不断修炼自己，还可以多阅读专业书

籍、参加体验式工作坊，更多地了解自己，只有了解了自己才能更好地了解别人。这是心理老师的基本功。

（2）做好学生心理健康普查工作，开学后的心理普查工作是心理老师必须做的工作。根据普查结果，有针对性地进行心理干预，比如个体心理咨询或团体心理咨询，提前发现问题，及时为有需要的学生提供帮助，还能预防心理危机发生。如果你暂时做不到，建议先根据情况分级，安排需要转介的学生去更专业的机构或医院。

（3）最后一个建议，作为新手，第一年多观察、多做事，不懂就问，态度是最重要的。心理老师的工作是和人打交道，而人是多方面多层次的，所以你做的每一件事、遇见的每一个人可能都是你成长的助力。第一年，可以抛开任何顾虑向前辈请教你在工作中的困惑，别错过这个学习的黄金期。

同行补充

王雅：作为一名新老师，第一年的工作可能会有些辛苦，新的环境，新的身份，对我们而言都是挑战。在这个过程中我们可以多去听听同事和学生的反馈，不断改进自己的教育策略。同时，我们也可以主动寻求他人的帮助和支持，以更好地适应工作和环境，加油！

我的思考与经验

2. 心理老师如何让自己快速成长？

适用对象：心理老师　　**适用场景**：教室、文书工作、辅导室

鲁洁 回答

匿名 提问：请问心理老师如何提升自己的专业水平呢？如何做出科研成果、教学成果？有哪些比赛（除了教师技能大赛以外）可以关注和参与？可以去哪儿搜集资料？

心理老师想要自我成长，一定离不开主观能动性，即积极主动地参与各种学习，在行动中促进自我成长。具体可以从以下几方面着手：

1. 提高心理咨询的相关技能。

（1）参加各级教育主管部门组织的线下心理健康教育相关的培训活动。

（2）自费参与线下心理咨询技术培训。如果希望更有针对性地学习，可通过参加沙龙或工作坊的形式多接触、多了解一些技术流派，了解后再从中选择自己想要深入学习的流派进行钻研。注意：关于沙龙和工作坊的学习信息可以在网络上搜索，或者关注相关的行业公众号，比如"心理老师成长联盟"。

（3）在网络上自学。现在网络上有很多付费和免费的学习渠道，比如"咨询师之家"有许多线上付费课程；微信公众号"心理老师成长联盟"也有很多免费和付费课程。

（4）看书自学。针对想要了解的心理技术或流派知识，除了阅读别人推荐的书籍以外，还可以在网上搜索关键词了解图书信息，购买相关书籍，但最好是以主题阅读为主。

（5）学以致用。学到的技术要在实际中运用，比如我们参加了一个流派的学习，可先与同事进行模拟使用，也可在平时学生的心理辅导中尝试。只有使用了，才能知道自己是否掌握了这项技术，也才能知道自己更喜欢哪些技术。

（6）如条件允许，参加督导。个案督导的费用比较高，更适用于已经形成个人咨询风格的老师，建议新入职老师先从参加团体督导或者公益的朋辈督导开始。可以就近找当地医院的医生、有经验的心理老师或是信得过的咨询机构，了解他们是否有督导服务。团体督导可以快速积累个案的处置经验，提升咨询技术的应用水平。公众号"心理老师成长联盟"有一对一督导服务和个案处置经验朋辈辅导小组。

2. 提高心理健康教育的教学能力，抓好课堂这个主阵地。

（1）心理老师一定要走进课堂，要向学校争取为自己安排心理课。

（2）多听其他老师的课，取其精华。课堂是相通的，空余时间多听听学校其他学科的优秀老师如何上课，将值得借鉴的地方运用到自己的课堂中。多观摩省、市、区组织的赛课活动，我们会发现越高一层级的赛课，课例中优秀的地方越多。

（3）多听评课。各部门组织的教研活动，一般会有评课环节，这时要做好记录，听专家或其他老师对这堂课的看法，从他人评论中总结出大家关注的一堂好课的标准是什么，以此来提高自己的课堂质量。

（4）网络教研学习。通过网络观摩全国各地的课堂进行学习，如登录网页版"国家中小学智慧教育平台""一师一优课国家教育资源公共服务平台"。

3. 提高自己的影响力。

（1）做课题研究，形成成果。

（2）多参加比赛，把握上台展示的机会。

（3）参与当地社会公益组织，用自己的专业知识去帮助困境儿童。民政局会把一些公益项目委托给第三方来组织实施，我们可以在微信上搜索当地的社工组织，当他们面向社会招募志愿者的时候，主动报名参与。

如果想获得科研成果和教学成果，一定要做课题研究，而一线老师做课题最容易出成果的就是小课题研究，即针对我们在实际工作中想要解决的问题来做科研。具体做法：①积极申报课题。学校会转发各级教育主管部门或者学会的课题申报文件，有些学校也会让老师做校级课题申报，我们可以积极申报，想好自己要研究的内容是什么，按照格式要求写课题申报书。②申报书通过之后，根据课题立项文件要求和自己的课题方向写开题报告，相关部门组织专家进行开题论证会。③根据开题论证会上专家提出的意见，结合自己课题研究的实际进行修改，同时着手进行课题研究。④课题研究中，会有中期报告和结题报告，也需要邀请专家参会。⑤学校一般会转发各级部门关于成果申报的文件，我们就可以把之前已经结题的课题成果根据文件要求申报科研成果或教学成果。

作为一名教师，可参加的比赛实在是太多了，要看我们自己想获得哪些方面的成绩。

专业方面的比赛有：①各级主管部门组织的线下线上心理课堂赛课活动或教师技能大赛。②各级部门组织的论文比赛。③指导学生参与校园剧比赛等。

不分具体学科的教师全能发展比赛：①师德师风演讲比赛。②教师风采比赛。③教师书画比赛等等。

现在资料、信息搜集的渠道很多，总体来说有：①关注自己所在地教育部门发的相关信息。②上网收集。③行业内熟人告知。

同行补充

杨翠（专职心理教师、硕士、国家二级心理咨询师、铁门关市心理名师工作室主持人、学校心理教研组长、家庭教育高级讲师、学习动力引导师）：我是这么理解的。

1. 个人成长有两个方面。

（1）首先，是专业技能方面。①具备扎实的专业知识（需要不断学习）。②及时记录（个案咨询）。③常常反思（写教学反思）。④经常写作：个案、论文、课题等。

（2）其次，是有所作为。①及时沟通（与校领导、同事、班主任、学生）。②主动行动：积极承担学校工作，如心理健康月、幸福周、年级团体活动、各类讲座、家校工作等。

总之，有所为才能有所位！通过一定的积累以后，我们便可以申报职称，申报各类荣誉称号，如：明星教师、骨干教师、学科带头人、名师工作室等。

2. 科研成果。当你积累得多了，科研成果也就水到渠成了，可以主动向杂志报纸投稿，可以多通过中国知网浏览新的研究方向，可以和别的老师一起做课题，也可以自己申报课题。

3. 专业比赛。这个可能各地不太一样，我们这里每年都有省市级的论文比赛、教师基本功大赛、现场课大赛等，目前我们正在进行市级微课大赛。

4. 资料收集。"心理老师成长联盟"等各类微信公众号、中国知网、中小学心理健康教育杂志，甚至抖音、小红书都有很多可以学习的专业内容，希望对你有所帮助。

我的思考与经验

---

3. 线下资源匮乏的情况下有什么方法或途径提升自己？

适用对象：心理老师　　**适用场景**：辅导室、文书工作

乔翠翠 回答

匿名提问： 我是某县城的小学专职心理老师，现在遇到的问题是职业满足感比较低，并且不知道该怎么提升自己的职业技能。我们学校只配置两个美术老师，全校只有我负责心理健康工作。平时也会接咨询，但是因为课时很满（没有上过心理课，全都是活动课、班队课等），所以并没有积累太多咨询经验。现在我大学毕业两三年了，大学所学的专业知识已经忘得差不多，接待一些普通学生还行，但遇到心理问题比较严重或者危机干预方面的实操会感到无所适从，一旦遇到超出我能力范围之外的学生问题就不知道该如何处理，也没有督导或专业机构可以转介，经常会觉得力不从心。我想系统性地磨炼咨询实操技能，但不知道可以借助哪些资源，理论知识看了很多，就是缺乏实战经验。请问在线下资源匮乏的情况下有什么方法或途径能提升自己？

看到你的描述，我感到扑面而来的无力感；不过也看到了你积极向外寻求帮助的勇敢，求助是强者的行为，你已经很棒了。目前看来，你工作的环境中，一是缺乏专业提升的资源，二是缺乏专业实践的机会。根据我的经验和一直以来了解的情况，大概有这么几种渠道：

1. 资源方面。

（1）一定要参加当地行政主管部门（比如教育局教育科、教研室）组织的培训，多和身边的心理老师交流，哪怕是兼职心理老师，也可以互相支持。另外，也可以了解他们如何平衡工作中的冲突，借鉴他们的经验。

（2）和同学、校友互相支持、互相帮助，好的教学素材、个案处理方法等都可以交流讨论，也可以尝试朋辈督导。

（3）可以与当地医院心理科保持联系。如果当地有医教结合项目就最好了，如果没有，就需要你自己去了解，一般医院心理科比较优秀的医生和主任可能会在当地医学院（或高校的医学系）任教或者带学生。你看看哪种方式着手比较容易，可以试着去联系。了解"医院心理科医生擅长某某类问题"，这样的信息有助于有效转介。

（4）关注当地高校与心理健康相关的动态，比如讲座信息、心理辅导中心的信息等。可以学习，可以求助，也可以了解咨询师的专长后补充你的"转介名单"。

（5）好好利用网络资源，像"心理老师成长联盟"就是线上的专业平台，有很多学习、交流和督导的资源。

2. 实践机会。

（1）申请加入当地正规心理帮助组织（正规组织不会向你收会费），学习、实践、督导（需要交督导费）三不误。

（2）当地如果有成熟的咨询机构/公司，可以留意他们是否有公开宣讲活动。

（3）去有实力的、正规的心理平台学习咨询，免费和付费的课程都可以根据个人情况选择。

（4）我曾经用过的很有效的笨办法：在以上都无法操作的情况下，看案例集或其他理论书时，碰到任何案例，自己先分析，假设自己遇到这种个案，要怎么做。想得详细一点，然后看书、对比；甚至可以对比自己的措辞和案例中咨询师的语言有什么差异。

（5）加入/创建线上读书小组，心理人共读一本专业书，也可以在其中讨论个案（注意保密）。

（6）寻找线上的心理读书会资源、心理咨询视频，有些会在公开平台上免费发布，有些需要付费，可以先试试。

我的思考与经验

4. 对新入职的心理老师有什么建议？

适用对象：心理老师　　**适用场景**：文书工作

洪洁州 回答

匿名 提问：我是一个准备入职的新手，对即将开始的工作毫无头绪，不知道如何开展工作，可以给我一些建议吗？

应该说，直到近十年，尤其是新冠疫情后，心理健康教育工作才逐步被接受。但目前心理健康教育系统还不太健全，各个学校虽然都设立了专兼职岗位，但互相之间存在很大差异，国家和社会也没有给出公认的准则，所以心理老师在学校里的地位，真的是要靠自己去摸索和用成绩赢得。作为心理老师你希望发挥怎样的影响力呢？其实可以问问自己这个问题，就你所掌握的资源能做些什么？比如影响你们学校的校长、学校里的其他班主任等。

心理老师由于不是专门带某个班，而是带整个年级甚至两三个年级的所有班级，不会像其他科任老师那样对班上同学那么熟悉，甚至很难叫出他们的名字，所以会有一种边缘的游离感。你可以先问问自己，在现有的环境下你能做什么？想好了就去做。

如果校长不是很重视学生的心理教育，你到学校之后没有心理课可上，这很可能是常见的现象，更糟糕的是你可能被安排到政教处打杂或者兼任行政干事。相比之下，被派去教其他学科（比较常见的是道德与法治、思想品德）或者代班班主任，已算是幸运了。如果你无法改变这种现状，不妨换个视角。因为教过其他学科（特别是当过班主任的）后来又转回专职岗位的心理老师，其教师基本素养通常都还不错；一毕业就教心理课的，多年之后不见得水平会提高得更快。

当然，如果你只能在科室里继续"打杂"，在现有的条件下，也是可以有一些作为的，至少要做到不荒废自己的专业。你可以主动申请开展短期的团体辅导，或者开展心理问卷调查，将筛选结果交给班主任。做了这些工作之后，再延伸其他工作就有可能了。

我建议你要重视非专业之外的职场技能，比如团队的协作能力。在学校里，你会逐渐意识到一个人的力量是十分有限的。有时候，解决学生心理问题，需要和班主任还有其他老师一起协作完成，如果其他老师互相扯皮，推卸责任，那你会很难开展工作。一旦有相关的社会事件上热搜，检查、评估、自查工作就要来了。各种心理排查、问卷、培训、家访……检查类任务一般都会来得比较突然，在短时间内你要准备好很多材料，如果没有良好的协作能力，难免会焦头烂额。所以在完成一些日常的工作后，要有意识地将这些材料准备好，比如个体辅导的记录材料等。

所以，如果想把自己定位在"稳定的工作，舒适的生活"上，那么接受学校对你的工作安排也是可以的。但如果你想把自己定位在"要有专业的发展，提升自己的能力"上，一定要抓住每个机会，主动做事，主动营销你自己，为他人创造专业价值。

同行补充

翁卓祺：新入职老师要面对的，无非是"人"和"事"。下面的回答会从这两方面入手。

1. 首先，是"人"的方面。

新入职的心理老师，需要做好和学生、班主任、科任老师、行政领导的各种连接。

心理老师需要和学生多沟通，建立自己在学生中的形象，基本形象是专业，附加形象自己设定，可以是亲和、严肃、幽默、接地气……首先我们是老师，其次才是心理老师。如果学生不愿意接受我们，那么心理工作就很难开展。我初入职场时尝试过好几种跟学生的沟通方式。比如在咨询室门口贴一张"欢迎来看书或预约咨询"的图纸，"引诱"他们进来看书，然后出于好奇和我聊天，发现原来遇到这些事情可以找心理老师。又比如在微博上日常发些心理科普的书籍、电影、小知识，以及和学生们互动，偶尔使用网络语言和他们交流，这样就多了个了解学生的平台。日后他们遇到困难，就会主动来找我预约；有时还会建议身边的同学：你压力太大了，要不去找心理老师谈一谈？感谢那些年为我疯狂"打call"的学生们！

心理老师需要和班主任多沟通，为日后的工作铺平道路。不管是课间到办公室串门、喝茶，了解讯息；或是拿到学校通讯录，向本届班主任团队群发信息介绍自己，说明学生出现哪些情况可以找心理老师协作处理；或者开会时多和身旁的老师们熟络聊天，顺便科普各种心理常识等。只要桥梁搭建得好，班主任（尤其是年轻一些的老师）会很乐意有人分担他们的一部分工作。据我个人的主观经验，有些年长的班主任观点比较保守，仍然停留在"心理问题=精神问题=精神病"的认知。当我试图了解班上某位学生的情况时，他显得非常恐惧："不不，怎么可能！这孩子学习可好了，怎么会有心理问题？！"

心理老师和科任老师也要相处好，毕竟他们今年不是班主任，明年说不定就轮上了呢。早些打好基础，日后开展工作自然方便些。另外，有些科任老师可能会借用心理课的课时，因此平时要多和老师们沟通，耐心向大家解释心理课的重要性，关键时候就可以守住自己的阵地。毕竟我们课时也非常少，难得有机会和学生们面对面交流，我们要珍惜这样的时光。

心理老师需要通过行动得到行政领导的认可。我们可以在力所能及的范围内做一些事情，让领导看到心理老师这个岗位也是很重要的，例如通过问卷调查、学期报告、预警机制等方式,以可量化、可视化的方式让领导看到自己的努力,看到心理老师对学生的重要性。日后很多工作的开展,初始如果能得到行政力量的支持,效果会事半功倍。

写到这里,再补充一个需要加强沟通的群体:本地区其他学校的心理老师。通过QQ群、微信群、通讯录等方式联系上本地的同行。毕竟心理老师这个职位人数较少,还是需要和外校的同行"抱团取暖",及时获取资讯,共享资源,遇到紧急事件人手不够时还能有个照应。

2. 其次是"事"方面。

关于事情,要做的可多可少,看学校给多大的支持,自己有多大的精力,有多少人的团队一起做这件事情。

如果你是校史上第一位心理老师,你需要从头到尾自行建构整个学校心理健康教育体系。以心理学经典的八字"描述、解释、预测、控制"为指导思想,建立预防、科普、心理辅导、危机干预等方面的内容。

如果学校里已经有同行前辈,那就虚心向他们请教。按着原有的体系先过一遍,看有什么优势和不足,再思考可以怎么改变。虽然不能说"存在即合理",但是按照心理学思维"症状是有意义的"。

一般必须做的工作有两件:上课,心理咨询。

上课,学校如果没有统一订心理教材,可以自己上网买书自己写教案,这里推荐钟志农老师的书。最近赛课时还发现,有北京师范大学、西南大学等师范类大学编写的系列教材,也可以买来看。

心理咨询,首先要做好科普。没接触过的学生可能会误解,比如等问题很严重才能来,咨询的内容班主任可能会知道,只要谈一次话就能解决问题等。这些可以在日常跟学生的互动中事先科普,也可以在咨询室门口贴一张说明让学生看到,明白心理咨询怎么回事,谈话才能进行下去。否则,不切实际的期待,很容易化为失望后的愤怒和无助。

我的思考与经验

5. 领导不重视心理课，排课时总被其他科目占用，该如何与领导沟通？

适用对象：心理老师　　**适用场景**：文书工作、辅导室

鲁洁 回答

匿名 提问：我和学校领导申请开设心理课，但是每次排课时都会被其他科目占用，因为其他老师也有课时要求。上级部门开会要领导重视学生心理健康，要开课，但最后学校都是应付了事。所以我想请教一下，有什么好方法和校领导沟通开课的问题？

首先，我们要了解领导对学校心理健康教育工作是怎样的态度，这个态度可能受多方面因素的影响，比如学校的办学理念、整体规划、预算分配、领导的个人价值观，针对不同的因素我们的沟通有不同的侧重点。

其次我们在跟领导沟通的时候，要强调心理课的重要性。

（1）用政策文件让领导知道开课是有政策支撑的。比如教育部发布的《中小学心理健康教育指导纲要（2012年修订）》，教育部等十七部门联合印发的《全面加强和改进新时代学生心理健康工作专项行动计划（2023—2025年）》；各省出的地方性政策文件，如《广东省中小学心理健康教育活动课指南（试行）》，以及各市县教育局每年的相关文件等。

（2）让领导意识到越是名校，越重视心理健康教育，可以以当地的名校举例。

（3）开设心理课的好处。心理课不仅能帮助学生学会处理学习和生活中的压力，还能提高其情绪管理能力和人际交往能力等。当下学生出现心理危机的事件越来越多，而学校提供心理健康教育是很有必要的，心理课就是面向全体学生的一种重要教育方式。

最后，要跟领导提出排课的可行性方案。如果每班两周一节心理课，我们可以用班会课来上，单周心理老师上课，双周班主任上课。如果每班一周一节心理课，那么就安排为校本课程。教育部等十七部门联合印发的《全面加强和改进新时代学生心理健康工作专项行动计划（2023—2025年）》和教育部办公厅印发的《关于加强学生心理健康管理工作的通知》这两个文件中，都提到中小学要将心理健康教育课纳入校本课程，同时注重安排形式多样的生命教育、挫折教育。

注意，如果领导同意了，自己就要坚持排课，谁来占课都可拒绝。当我们自己不轻视自己的学科，其他人才会更加尊重我们。

我的思考与经验

---

6. 学校不开设常规心理课，怎样突破职业发展困境？

适用对象：心理老师　　**适用场景**：文书工作

洪洁州 回答

> **匿名 提问**：我是一所高中的心理老师，学校没有开设常规心理课（只有社团和一个班的选修课，隔周上，平均一周一节，常因不可抗力取消）。我曾与校长和教务处沟通过，但总会因为各种原因无法开课。校内只有我一个心理老师，没有前辈带领，教研全靠自己琢磨。无法申请区教研活动，区里的优质课比赛我也拿不出材料（没机会磨课，只能录选修课，效果看运气）。在校开设咨询时，学生也没时间来。行政任务很多，导致我像"不务正业"。综上，我觉得职业发展很受限，目前只知道努力发文章，不知道还有什么其他努力方向。尤其是没课上的问题，很让我头痛，我担心这不利于我以后的发展。

心理老师的职业发展有很多条路，但得看你个人是否喜欢，是否有这个志向并愿意为之付出行动。

心理老师在校内的发展，可以从行政方向开始，先从德育、团委做起。如果你负责社团这块，可以通过努力做出些成绩。比如成立心理社团，给学生做生涯辅导、组织学生活动（有心理特色的）等，做学生的心育工作，通过学生影响学生来扩大你的影响力。

如果你现在负责的行政任务是写资料或者做宣传，那练好你的文字写作能力，突出你的宣传能力。将来你可能会更适合从事党办工作，或者给校长当个小助手。从世俗角度看，这个反而是晋升比较快的，但这些基本上和心理专业的业务能力没太大关系。

如果你还是想从事和专业相关的工作，科研能力比较强，那发论文就是你的核武器。多发论文，用论文去找到职业发展的关键人，一起做课题。那些关键人是能影响到你职业发展的重要人物，他们也会为你留意在科研论文课题方面的资源，假如有科研处或者是地方教研员的推荐，凭借他们在专业领域的影响力，有论文课题的我们也能更有机会评上高级或特级教师，也就会有更多的资源去做自己想做的事情。

个人认为，专业发展是个"无底洞"，没有人能够把心理老师所有的工作方向都做到100分。更切实际的做法是，基于自己当下的资源，集中有限的精力和时间，寻找到突破口。上课、咨询并不是专业的全部，你需要的是个人职业发展，而不是个人专业发展。

同行补充

匿名用户：如果新老师一入职就被安排上其他的课，然后也被借调到其他部门，该怎么办呢？

洪洁州 回复 匿名用户：一入职就被安排上其他课，或被借调到其他部门，毫无疑问你无法当下就拒绝。在你一没专业影响力、二没资历的情况下，只能先接受。可以和领导说，如果以后有人接手，希望能优先让你转回心理老师的岗位。借调期间，也可以自我评估下，你是否能胜任并且不拒绝这些借调的工作？如果胜任但很反感，那就耐心些，等待调岗的机会；如果不拒绝而且胜任，那就顺势而为。我有个同学，一直都是当语文老师，做了八年才转回做阅读心理，但很快做出了成绩。很多人都是先赢得影响力，才有机会回过头做专业的，这条路径并不一定就是弯路，有时可能还是捷径。

我的思考与经验

7. 向学校申请开设心理课，有没有好经验或建议可以分享？

适用对象：心理老师　　**适用场景**：文书工作

安夏 回答

> **匿名 提问**：我所在的学校暂时还没有开设心理课，我想去跟领导申请开课，有没有什么经验或者建议可以分享？申请时着重从哪些方面陈述理由？公众号"心理老师成长联盟"也曾征求过心理课开课申请表，但后续好像没有跟进。

关于开设心理课，《中小学心理健康教育指导纲要（2012年修订）》中要求：各地和学校要通过多种途径和方式，结合教育教学实际，保证心理健康教育时间，课时可在地方课程或学校课程中安排。所以，申请开设心理课需要从政策文件中找依据。

第一步是要写好申请。①内容有上级文件的具体规定要求。比如说根据教育部几号文哪一条，广东省几号文哪一条。②结合学校的实际情况谈一谈，为什么要开展三到六年级（或你所教学段）的心理课？比如说学生的学情等。③具体的开展方法，最好有两种以上开展方式让领导进行选择。

第二步是做好与领导沟通的准备。①在跟领导沟通之前，做好充分的心理准备，如果这次没有申请成功，你如何做好心理建设？②要了解学校教务处安排课程的情况，是不是课程有松动？在不影响其他课程的情况下，可以把心理课程安排进来。③另外，要让领导看到心理课的效果，可以先找机会上课，比如通过申请示范课来上心理班会课，给自己一个展示的机会，让领导看到上心理课是有作用的。④做学生的心理测评、学生开课的意愿调查表，让领导看到学生对心理课的需求。用数据阐明开设心理课的必要性。

第三步是如何跟领导进行具体的沟通。①做好心理建设之后，建议直接跟直属领导进行沟通，把课程开展的要求以及具体的可行性方案向领导汇报，结束的时候可以把自己的申请书交给领导，等他有时间时仔细翻阅。②如果一个星期之后领导还是没有给你回复，你可以主动找领导询问，哪里还需要改进？如果有机会碰见校长，比如在食堂吃饭的时候，可以跟他谈谈你的想法和提议，尤其是对于学生和学校具体的好处。这里你没看错，是的，是对学校的具体好处，如果没有开心理课，某些机会我们可能会被一票否决；再比如说我们开了心理课，可能就会在某个项目上加分。

同行补充

小**：分享一下我的小经验。①从做个案入手，期末做成咨询台账上交，并附上咨询手写记录，让领导看到重点学生心理问题的严重性。②主动汇报工作，做了什么，有哪些效果，哪些方面可以再改进等等。③但行好事，前程该问也要问一下。

M**：学校内开设心理健康课的方式不外乎那几种。个人认为，心理课的成本是最低的，效果也是很不错的。具体到怎么申请，我喜欢是用数据说话，通过相应调查得出数据，再从中找出方向，进而提出课程计划以及内容，这样才能更好说服领导。此外我认为，一定要对自己的课程做好一个定位，也就是能做什么，能做到什么程度，不然自己也会陷入迷茫，说服不了自己。定位真的很重要，大到你开设课程是想达到什么战略目的，小到每一堂课自己想带给学生什么，这些都是具体明确的。最重要的是对自身的定位，自己能做到什么不能做到什么，这些都是要考虑进去的。认清自己的能力、长处和短处，定位好自己课程的目标与目的，这样才不会迷茫。

我的思考与经验

8. 很喜欢心理学专业，但很反感心理课、咨询等心育工作该怎么办？

适用对象：心理老师　　　**适用场景**：文书工作

李宁 回答

匿名 提问：我入职后担任学校历史老师，也兼任一些心理教育工作。我很喜欢我的心理学专业，但是对上心理课、接咨询等心理教育工作都很反感、抵触，甚至抗拒。其中一个原因是我对心理教育工作完全没有归属感，心理老师没有绩效没有课时，在学校属于后勤人员；另一个原因是我自己内心负面、消极的想法很多，每天都在不停地吐槽，我觉得像我这样连自己都无法开导的人，又怎么能做好学生的辅导工作？

我能感受到你对心理学专业的热爱和对助人之路的担忧，其实这些心路历程，每个心理老师多多少少都会经历，我也能感受到你内心的阻抗。但心理学专业属于赋能学科，对一个人的自我认知能力、社会交往能力、沟通能力、洞察能力等综合能力的提升都很有帮助。

如果你切换一下视角，不把心理辅导当成工作，而是自我觉察和自我完善的一个工具，那么，这种反感、抵触的阻抗心理就可以成为你"工作"的对象，觉察一下为什么自己会有这种情绪。你理智上很喜欢自己的专业，但情感上却抵触与之高度相关的咨询和心理课，为什么会出现这种矛盾？如果往下探究，相信你会有一些新的发现。你是担心自己能力不足，还是担心自己的付出没有得到应有的回报和专业身份的认可，因此对所做之事和自己也产生了质疑和否定？还有，你似乎认为，心理老师有能力辅导学生的前提是自己要能排解自己负面消极的想法，这算不算是一种非理性的想法呢？

如果你的内心是愿意尝试用专业的态度和技能帮助更多的人，我相信，即便是担任其他学科老师，或者是在担任班主任的教学管理工作中，你也能用到心理学的相关专业技能。如果你承担的心理老师工作是学校指派的，那么可以根据自己的实际情况，先整合资源，再慢慢做起来。

心理老师很难像其他学科老师，尤其是主科老师那样，用一个客观的分数成绩或者其他量化指标对工作的成效进行评价。这需要你在专业上不断精进，甚至有时要主动去营销自己。这似乎是一个考验，除非你能证明自己，否则学校或其他老师都很难认可这个岗位的价值所在。这并不是你一个人遇到的情况，你可以借助公众号"心理老师成长联盟"里的很多资源，更高效地完成日常琐碎工作，如此你才能把更多的时间和精力投入专业实践中。

个案工作则需要自己不断地觉察、阅读、实践、反思和督导，不断提升自己的专业能力和对伦理的敏感度。学习、实践的过程中可以获得很多意义感、价值感，以及对人类更多的理解与热爱。如果你真的热爱心理学，请让心理学帮助你成为更好的自己，而不仅仅是应付工作的一种技能。如果是你想做和心理学相关的更专业的事，建议找准细分专业发展领域，以一个你可以为之努力的方向为抓手，在工作中找机会精耕细作，比如是否可以先从开展团体性的素质拓展训练、生涯咨询、生涯规划或家校合育等角度入手，做自己擅长的事情，先找到专业自信，再逐渐发展其他。

✏️ 补充知识点

1. 个案工作方面的阅读推荐：家庭治疗方面，有《家庭治疗理论与实践》《游戏空间》《系统式咨询教科书》等工具书可供老师们在个案工作前后学习使用。认知行为疗法方面，则有《认知疗法：基础与应用》《认知疗法：进阶与挑战》《认知行为疗法：新手治疗师实践指南》《青少年跨诊断治疗的统一方案》等书供大家参考。关键还是要用起来，讨论、小组练习、实践、督导，都会使心理咨询专业胜任力得到提升。还有诸多疗法，可以参看"心理咨询与治疗100个关键点译丛"系列丛书。

2. 咨询伦理：包含善行、责任、诚信、公正、尊重这五项总则，涉及专业关系、知情同意、隐私权和保密性、专业胜任力和专业责任、心理测量与评估、教学、培训和督导、研究与发表、远程专业工作、媒体沟通与合作、伦理问题处理等十一个模块的内容。详细内容可以参考《中国心理学会临床与咨询心理学工作伦理守则》，也可以学习徐凯文老师的专门课程。

3. 个案工作方面的督导：包含个体督导和团体督导两个方面，是由资深的咨询师（国内一般是中国临床注册系统CPS认证的注册心理师和注册督导师）对咨询关系、个案的概念化、督导过程、助人者提出的问题进行回应。如你还处于新手阶段，可以寻求公众号"心理老师成长联盟"的个案处置朋辈小组和一对一督导服务。

我的思考与经验

9. 新入职的小学心理老师该如何开展工作？

适用对象：心理老师　　**适用场景**：辅导室、文书工作

乔翠翠 回答

> **匿名 提问**：作为一个刚刚毕业、初来乍到的小学心理老师，应该怎样开展工作？

心理老师的常规工作内容包括：心育宣传、心理课、个体辅导、小组辅导等，还有

一项很重要的工作就是迎接各类参观和评估检查。

建议开展工作前先深入了解贵校之前的心理教育工作是如何开展的，领导对心理健康教育是否重视？学校对未来心理健康教育如何规划？

如果有关心理健康教育的各项工作都已有序开展，那就踏踏实实按部就班，一到两个学期后再发展自己的特长，在自己擅长的方向逐渐向名师努力。

如果之前的工作还有欠缺，就需要花心思把之前未开展的工作做起来，一方面能更好地通过评估检查，另一方面可以向领导展现心理老师的工作价值。

如果贵校之前的心理健康教育是一片空白，那你就有很大的发挥空间了。在正式开展工作前，请你去找领导认真聊聊，问清楚学校有无标准心理辅导室和硬件设备、学校心理工作在之前的评级中被定为什么等级。聊的过程中感受领导对心理健康教育的态度，听听他的想法，同时表达自己的态度，强调"我们所有心理工作都会在您的指导下开展，希望得到您的支持和帮助"。

请学校的中层领导帮你找到心理辅导室评级标准，拿着文件对照标准，一条条去开展工作。比如，一般评级都是从一星到五星或者C级到A级，场地、设备这些硬件设施，最好从一开始就按最高级别去建设，免得后面再申请升级，其他工作可以一步一步来。当然，如果你能力强、精力足，也可以在其他方面按最高标准要求自己，以免后面要评高星级时还要补充材料。最后再提醒一句：关于怎么上课，可以多看其他老师的课例，多听多学习，这样很快会成长起来。但是，不管你做了什么，记得及时留下相关材料——这是我这个从新手老师到让学校心理辅导室获评省A级的"老人"最重要的教训。

我的思考与经验

10. 学校的心理工作要从零开始，我该从哪方面入手？

适用对象：心理老师　　**适用场景**：教室、讲座、文书工作、辅导室

乔翠翠 回答

匿名 提问：我是一个即将在九月份正式上岗的心理老师，学校秋季心理工作的重点是什么？目前学校的心理工作还没有什么基础，一切要从零开始。

关于如何开展心理工作，按照我认为的影响力优先级，从大到小的优先顺序来建议：

1. 辅导室建设：①采购硬件设施。②制定各项制度，并且要让制度上墙入档。打造心理辅导室需要得到学校领导支持，你要先向学校申请一个个体辅导不受打扰的空间，并主动向领导要"心理咨询室评级文件"，表示你会按照上面的要求开展工作，慢慢地一项不落全做起来。领导就会意识到这项工作的重要性，会了解文件中关于场室的要求。

2. 心理档案：从新学期学生心理普查开始做起，初中是全校普查，小学可以是高年级普查。这会让大家知道心理老师是很关心同学们的心理健康的，而且是在做实事。我刚入职时就是这么做的，一个多月让全校班主任都知道我在做什么。

3. 心理活动：有的学校一开始不会直接给你安排心理课，所以要以活动等形式对学生们进行心理健康教育。

4. 心育宣传：利用科普类的海报、心理小报、公众号的文章等进行心育宣传。

此外，还要开展心理课、心理社团、个体辅导。从你个人发展的角度，把课上好是第一位，毕竟你是老师，课上得好会被同事尊重，学生也喜欢。同时，要积极参加专业培训，提高咨询能力。积累一定的经验后，积极参加教师技能比赛、基本功大赛等，尤其是行政部门组织的比赛。最后，还要做课题。个人课题随时可以做；规划课题大多有职称要求，可在工作中逐步积累。

同行补充

洪洁州：你可以遵循以下几个基本原则。

1. 高风险的先排除。万一学校需要危机干预，如发生自杀、自伤或触发三级预警的事件，需要你立即开展工作，因此我们可先把这类工作的流程和责任理顺，建议参考《广东省中小学心理危机筛查工作指引》《广东省中小学心理危机干预手册》。心理普查做到什么程度，也要看你目前的能力，假如筛出很多需要干预的学生，你接下来该怎么办？

2. 高频的先做，容易的先做。像心理课就比个案要高频，把课上好比把个案做好容易得多。争取把心理课上好，排进学校的排课计划里。打磨好课程后邀请级组长或主管领导来听课，争取更多曝光机会。

3. 能提升学校形象的工作先做。就是涉及人更多、领导重视、容易变成学校的教育新闻的工作，像搞活动、开讲座、针对时事热点和学校工作重点做的工作（如防疫微课、家长宣传等）。

4. 结合个人能力和精力，先做有把握的事情。如果时间不够，那么心理社团就先放一放，个体辅导时间和安排也量力而行，不要觉得"应该做所以我要做"，而是你能做好，这样才持久。

5. 雁过留痕，必要的宣传，主动的汇报都要有。事情做得再多，如果不懂得宣传和主动汇报，那你永远只能是单打独斗。多给学校对外宣传平台投宣传稿，或者直接开个心育工作的微信公众号，先以个人的形式做，学校重视后再给学校收编。

6. 争取通过一两年的努力，把学生发展指导中心建起来。

我的思考与经验

---

11. 新手老师该如何平衡心理辅导和其他工作？

适用对象：心理老师　　**适用场景**：教室、辅导室

王雅 回答

匿名 提问：据我了解，一般新入职的心理老师不仅要做专业工作，也会兼任其他工作，想问问老师是怎么平衡这些工作的？

最重要的就是制订合理的工作计划。在每周初罗列本周的工作内容，并根据优先级和时间安排制订明确的工作计划。特别提醒的是，有些需要长期坚持却不急迫的事情，

也要罗列在计划中,给自己定一个时间节点。比如这学期要完成一篇论文,或者是要学习某一项技术。通过明确每项工作的完成时间和目标,可以更好地掌控工作进度,避免我们在时间紧迫的情况下出现焦虑和压力。

为了有效地管理时间,我们需要掌握一些技巧。例如:番茄钟、时间管理矩阵等。通过这些技巧,可以更加高效地利用时间,具体方法可自行学习。

在面对工作压力时,寻求他人的支持和帮助是非常重要的。很多新手老师一开始想要证明自己的能力,往往羞于开口求助。其实,我们可以与同事、领导或家人交流,分享自己的困扰和挑战,如果他们能提供实质性的建议和帮助,就可以让我们更好地应对工作压力。同时,通过交流,我们也可以从他人的经验中学习如何更好地平衡工作和生活。

保持良好的身心状态。我们应该注重保持充足的睡眠、健康的饮食和适量的运动,通过保持身体健康以更好地应对工作压力和挑战。很多人之所以工作状态不好,其实是身体条件不足以支撑导致的。

培养兴趣爱好。我们可以选择一些与自己专业相关的兴趣,比如参加心理读书分享会、心理沙龙,帮助我们更好地理解心理学知识,提高专业素养。也可以选择与心理学无关的兴趣爱好,如运动、音乐、绘画等。这些爱好可以让人暂时从工作中抽离出来,放松心情,提高生活质量。

同行补充

陈曦(专职心理教师、一级教师、学校督导评估部主任、重庆市南岸区教育学会家校社共育研究会副秘书长):我会做备忘录,把每天、每周要做的事情按照轻重缓急来完成。我还会利用番茄钟,番茄钟是指25分钟的专注时间,5分钟的休息时间。我会做好规划,每一步大概要用多少个番茄钟,然后全身心地投入工作中,排除外界的干扰。

大大*:很多心理老师都身兼数职,我会明确自己这个学期心理工作的重点,然后提前做计划。每天工作时间的安排以心理工作为主,其他工作为辅。

我的思考与经验

第二章
工作方向与思路

12. 新学期的工作计划该如何撰写？

适用对象：心理老师　　**适用场景**：文书工作、辅导室

乔翠翠 回答

匿名 提问：新学期开学后的工作该如何计划？能提供一些思路吗？我通常是把去年的方案改一改，感觉很多东西都没办法落到实处，计划很空洞，请老师指点迷津。

刚参加工作的前几年，我的新学年计划是根据领导给的指示，再把自己想做的主题和常规内容结合起来。其实这种做法比较被动，内容也不够丰富和新颖，并且领导还常常觉得不满意。

现在我的策略是先按照以下几方面把工作列好，再就其中需要学校经费支持的活动去请示领导：

1. 新学年，针对老师、家长分别要开展哪些工作？主题、形式、大概的日期、参与人员等，分别写清楚。

2. 针对学生的工作要详细划分，心理档案、心理课、个体辅导、团体辅导、社团、讲座、心育宣传、大型活动、考前辅导（至少有一次）等，全都要有安排。比如新生适应主题，计划推文三篇、心理课两节、十月份做心理档案、团体辅导一次；个体辅导根据学生情况的紧急和严重程度分为日常值班和紧急状况分时段处理，同时做好海报和通知，让老师和学生知道预约心理辅导的流程等具体信息。

3. 做好社团课计划。最好只做一个主题，名称、授课年级、人数、时间、地点、课程纲要等都要有明确的安排（可以是简版，但要明确）。

4. 针对家长的工作安排，包括线下的家长沙龙、公众号推文、家长微课的视频等，并安排好大致时间。这部分最好有，因为心理辅导室评级等会涉及。

5. 本学期重点、特色工作要写清楚。比如本学期我要做生涯教育，就要写清楚准备开展哪些活动，希望得到什么成果。最后，有具体的周计划安排，注意活动不要扎堆，要均匀分布。

6. 做好心理老师个人发展规划。如准备学习的理论、技术，或准备课题、公开课等。

这些都是我的个人经验，公众号"心理老师成长联盟"有很多现成的资源可供参考，你也可以借鉴其他同行的分享。

我的思考与经验

13. 新手老师如何构建完整的学校心理辅导体系？

适用对象：心理老师、班主任　　**适用场景**：文书工作

李宁 回答

> **匿名 提问**：作为新入职的中学心理老师，该如何构建完整的学校心理辅导体系？包括怎样开展心理课程，怎样培训班主任和年级组长，怎样给学生做心理辅导等。希望老师能给一些框架性的建议。

根据《中小学心理健康教育指导纲要（2012年修订）》的指导意见，学校心理辅导体系应包括课程、测评、个体辅导、宣传、活动、教师培训等多个方面。搭建体系，也需要从这几个方面入手。但具体先做哪个，再做哪个，需要结合你所在学校的具体情况来分析。

开展心理课程，可以根据学生需要、结合已有教材来搭建。初中参考教材有俞国良主编的《心理健康》、刘儒德主编的"学习的智慧丛书"、黄莉莉老师的"青春期教育"培训资料，还有钟志农老师的《中学生团体辅导143例》等。高中参考教材有刘志强等主编的《高中生涯手册》和方晓义主编的《高中生发展导航》系列。但要注意教材出版日期，过于久远的教材题材老旧，不适合当前学生需要。

面向班主任和年级组长的系列培训也是根据年级组需要来定，内容涵盖青少年成长规律、倾听和共情练习、特殊学生应对方案、家校合育策略与方法、危机干预培训和教师减压及自我关怀等常见主题。但每个学期可以选择侧重点，可根据当年学校工作方向或社会热点相关事件进行选择。

给学生做心理辅导工作时，首先要签署《保密协议》并强调保密例外的情况。之后跟学生一起清晰辅导目标（尽可能将辅导目标确定为一个短期的核心目标），收集相关信息，帮学生一起厘清事件过程中及当下学生自己的情绪感受，对感受的感受，内心对

自己的期待，等等。在深层次共情之后，可以跟随来访者的节奏探索需要修正的失功能的思维、过往有效经验，或者用奇迹提问刻度尺等技术帮助来访者澄清下一步方向。具体方法要根据个案的情况具体分析。如果是危机个案要及时转介；如果对自己而言难度比较大，要及时寻求督导帮助或转介给其他咨询师。

我的思考与经验

14. 如何系统地建立家校共育机制？

适用对象：心理老师、班主任　　　**适用场景**：文书工作

李宁 回答

　　匿名 提问：学校希望能系统地建立家校共育机制，作为新手老师，请问我可以从哪些方面着手呢？

　　如何具体地开展工作，可以对标《教育部关于加强家庭教育工作的指导意见》。开展方式为：

　　1. 创建队伍。文件重点要求的是创建家长委员会，从而发挥家长的参与权、监督权等权利。我们学校开展这项工作时会专门成立三级家长教师联盟——班级、年级、校级。每一级都由相应的教师和家长委员会代表组成。比如班级的家长教师联盟就是由班主任、其他志愿老师和投票选举的班级家长委员会成员组成，家长委员会也会有具体的小组和职责划分。

　　2. 完善机制。为了推进工作，要建立家校共育的具体工作章程。比如家长委员会的选举和换届准则、家长教师联盟工作职责等，还有家长学习的激励机制等等。

　　3. 具体工作抓手。教育部的相关文件要求，中小学每学期至少要有一次家庭教育指导。这个家庭教育指导是多种多样的，比如家长会、家长沙龙、家长教子经验分享、读书会、校园开放日、家长课堂、家庭咨询或者其他形式的家校特色活动。具体可以根

据学校或家长群体的资源来开展，当然，你也可以参考全国家庭教育高地的工作开展方式，比如苏州、广州、香港等地的经验。特别是苏州的家庭教育三大品牌做得很不错，可以重点关注一下。

我的思考与经验

15. 独自承担初高中所有心理健康课，如何有效整理跨年级教学大纲？

适用对象：心理老师　　**适用场景**：教室

黄珊珊 回答

中学专职心理教师、硕士、国家二级心理咨询师、中山市优秀教师，曾获广东省第三届中小学心理教师专业能力大赛一等奖。

> **匿名 提问**：学校这学期要开设心理健康课，目前只有我一个人上课，横跨了初中和高中所有年级。对如何上课我没有一点头绪，课件看了很多，还是不清楚如何先把教学大纲整理好。

一个人要跨所有年级上课，真的很不容易。初高中学生的心理发展特点不同，甚至初中和高中每个年级学生的特点都有明显差异。要备一节高质量的心理课，需要好的设计和素材。课时本身就是一个压力，还要经常准备新课，压力就更大了。我们不能因为忙而盲目工作，要有明确的重点。你说的先理出教学大纲这一点是对的，自己要先有个大概规划。

规划教学大纲这个任务，首先与你的自我期待有关。比如：接下来这一学期，如果从专业成长来说，你给自己下达的任务是什么？以我自己为例，当工作特别多时，我会以我当年的成长目标，如打磨起始年级的精品课为向导，重点做好初一和高一年级的课程备课；因为毕业班学生的课时相对较紧，我会尝试向学校申请以大课或级组会的形式进行个案跟进工作。而对于初二和高二年级，通过提前调查和随机抽访，了解学生希望开设的主题，保证课时。虽然课时有限，但课程的针对性会更强。

课时较多还有一个好处，可以让你更多更直接地了解学生的情况。想象一下，六个年级的学生心理动态都可以主管和把控，其实对你来说成长会非常快。对于课堂的教学内容，回到你本人，要能找到工作重点，至少一学期能有一两节代表课，其他的课可以更多地把主导权交给学生，多模仿、创新一些教学活动，通过绘画、故事、情景剧等方式加以呈现，还可以保留学生的作品。这样既能稍稍减轻你的备课压力，也能真正看到学生、感受到学生的感受。

确定好你的工作重点，这学期重点开发哪一主题的心理课，例如开发"生涯适应"，这样可贯穿六个年级，每个年级都有一节同主题课；或者重点针对哪个年级开发课程，比如针对起始年级的课，或者针对高二年级的课；又或者是你自己特别想要研究、感兴趣的主题课，比如手机游戏主题、积极心理学课程或者表达性艺术治疗的课等。本学期的重点确定并实施后，下学期可以拟定新的重点，这样既能做好本职工作，又能把自己的专业成长一步步夯实起来。

具体的选题和备课，可参考《中小学心理健康教育指导纲要（2012年修订）》和《广东省教育厅关于中小学心理健康教育活动课内容指南》。初中的心理课要注意与道法课有所区分，初一初二的很多课主题都是类似的。可以先看看道法教材，采用不同的活动形式深化其主题。

我的思考与经验

16. 准备参加教学比赛，通过什么途径寻找设计灵感和资源？

适用对象：班主任、心理老师　　**适用场景**：文书工作

陈银欢 回答

> **匿名 提问**：请问参加教学比赛进行课程设计时，一般通过哪些途径寻找资源和灵感？设计一门有理论支持的课程对我来说好难。

你好，近年来心理健康课程备课资源越来越丰富，有以下资源和路径可参考。

1. 心理课程备课书籍。彭凯平主编的《清华积极教育课程汇编》有丰富的积极心理学理论，"积极教育"从小学到初中都是一线教案设计，理论依据体系很完善；盖笑松主编的《当代心理科学理论精华》涵盖了心理学实践理论；俞国良主编的《心理健康教育教学参考》提供了心理备课框架和方向等。

2. 关注优质微信公众号。如"心理老师成长联盟""心渠活水"等，或地方的教研公众号，如"中山心理"等。

3. 订阅优质杂志。如《中小学心理健康教育》《中学生博览·中小学心理辅导》《班主任之友》等。

4. 收集免费网络平台资源。如深圳教育云资源平台、一师一优课、B站资源、广州共享课堂、国家中小学智慧教育平台、学习强国等。

记住功夫在平时，不管是线上还是线下的比赛，只有上过足够多的课，有大量输入和输出，也观摩过很多好课，你才有底气参加。

我的思考与经验

17. 构建小学生涯规划的校本课程体系应该从哪方面着手？

适用对象：班主任、心理老师　　**适用场景**：文书工作

陈银欢 回答

> **匿名 提问**：构建小学生涯规划的校本课程体系应该从哪方面着手？坐标成都，上级部门下达文件要在小中高开展生涯规划课程。而我在开展小学生涯规划方面没有相关知识，现在比较迷茫。

生涯规划在高中课程体系中仍处于探索阶段，小学生涯规划课程的开展将会是一段摸着石头过河的实践过程。关于构建小学生涯规划课程我的思考分享如下：

1. 工作思路。①向这方面的名师学习，借鉴他人生涯课程的经验。②深入学习生涯课程理论，尝试自己搭建这方面的知识体系，以生涯课程为输出路径。③联合你所在地区的心理老师团队共同研发生涯课程，共同进行主题教研。④结合校本资源，发掘利用生涯规划的生成资源，如家委会成员职业成长故事分享会。

2. 小学生涯规划课程方向性思考。以美国《国家职业发展指导方针》为例，其规定从6岁开始进行职业指导和训练，要让孩子们学会对自己的兴趣、专长、特点、能力等进行"自我认识"。我国台湾地区生涯发展相对较早，学生的职业生涯发展规划中明确了小学生涯目标主要包括：帮助学生自我觉察、培养学生生涯发展和规划能力。也就是说作为教育工作者协助小学生开始生涯意识的培养，帮助他们了解自我，了解工作与学习的关系，明确个人学习努力的方向，进行"职业规划"以更好地适应未来社会的发展需要，追寻人生价值。舒伯提出小学生正处于"成长阶段"生涯发展观，这个阶段发展的任务是发展自我形象，发展对工作、世界的正确态度，并了解工作的意义。借鉴台湾小学生涯教育目标，生涯觉察主要是激发对工作的好奇心，认识不同类型的工作角色，了解工作类型和工作分类等。职业生涯规划最终是让一个人成为与自我、他人和社会和谐相处的人。

我的思考与经验

18. 学校要成立生涯教育教研组，规划设想如何起草？

适用对象：心理老师、班主任　　**适用场景**：文书工作

李宁 回答

> **匿名 提问**：学校要成立心理生涯教育教研组，让老师拿出一套规划设想，请问有好建议吗？

学校的生涯规划工作首先是需要队伍的，可以考虑以心理老师为主，邀请其他感兴趣的学科老师、班主任以共同参与的方式来进行。

如果你需要先提交规划方案，目前有很多介绍学校生涯教育开展模式的书籍可供参考，比如《开启未来之路：中小学生涯教育实施指南》和《点燃心中梦想：上海高中学校生涯教育实践案例精选》。在做具体规划时，需要结合你们已有的队伍、资源以及学校领导的期望，制订切合实际的目标，避免框架太大或愿景太宏观等导致难以落地。

具体到工作内容，可以考虑开设专门的生涯课程，邀请学长分享自己的大学生活，邀请家长分享自己的职业生涯历程，跟不同的单位签订生涯体验契约等，将职业生涯体验纳入社会实践中，还可以以生涯幻游、模拟招聘会、生涯红地毯等活动促进同学们的生涯意识觉醒，提升生涯适应力。

另外，也可以整合资源，给升学年级的同学提供必要的升学指导，这个在前面提及的两本书中可以找到具体的执行方案。

最后，还可以根据学校具体的工作安排，以申请生涯教育相关课题的名义聚合队伍，以问题解决导向引导这项工作的进程。用课题推动工作对参与的老师是一种约束，对学校也能形成成果展示。

我的思考与经验

19. 如何申报心理课题？有哪些建议或学习渠道？自行投稿成功率如何？

适用对象： 心理老师　　**适用场景：** 文书工作

闫芳 回答

> **匿名 提问：** 我是某乡村中学心理老师，领导非常不重视心理教育工作，资源匮乏。因为评职称需要，之前主动申请过心理教育方面的区级课题，但被刷下来了。请问应该如何申报心理方面的课题？有哪些建议和学习的途径？自行投稿的成功率会不会很低？

这位老师的学习动力很强，很棒。

申请课题有一个小技巧，就是你要和具有高级职称的老师结成小组，或者请他做主持人。组员中有科研基础的人越多越好，这对后期顺利结题至关重要。当然，你还可以邀请业界"大牛"给你写推荐评语，在某些地方的项目申请书上会有这个环节，有资历的推荐人会提高课题申报的通过率。

各级规划办的教科研课题都是有批次的，比如五年一次的，2020年开始的是"十四五课题计划"，这个能申请到是最好的。有些教科研课题会有低一层级的子课题，我们也可以从申报子课题开始，不过在评职称时分量会不一样。

平时多阅读相关杂志，推荐《中小学心理健康教育》，再专业一点的如《心理科学进展》。其实把一个小的研究做大了就是一个课题，如果能加入其他主持人牵头的课题组，可以先观摩学习，然后再作为主持人自主申报课题。

如果想发表论文，要研究投稿期刊的文稿样例和偏好内容，还要注意研究当地的职称评审政策，一般在正式期刊发表与任教学科有关的或者教育教学管理方面的论文才有用，有的地方要求必须是独立或者第一作者，字数不低于2000字。这个要求各地不一样，以当地政策为准。

课题是个长期的研究项目，加油。

同行补充

刘冰（高中专职心理教师、华中师范大学心理学硕士、国家二级心理咨询师、区教研室成员）：我们也可以从心理课程或心理活动入手，以相关心理健康教育政策为指导，向学校领导传达政策导向，逐步提升学校对心理健康教育的重视程度。此外，还可以参加当地的心理健康教育培训，结识心理学的同仁，借助他人资源，提升心理健康教育水平。自行投稿的成功率，以我的经验来看不算低，但是有些杂志，像《中小学心理健康教育》，审稿时间比较长，需要及时跟进。

我的思考与经验

20. 第一次申报心理健康微型课题，该从哪里从着手？

适用对象：班主任、心理老师　　　**适用场景**：文书工作

鲁洁 回答

> **匿名 提问**：近期我们学校在申报心理健康方面的微型课题立项，我完全没有头绪，不知道怎样申请。请问操作流程是怎样的？有哪些问题需要注意？

万事开头难，第一次做课题没有头绪是正常现象，下面谈谈我自己在申报心理课题的经历，希望能给您一些启发。

1. 了解要求。我们需要认真阅读课题申报文件或者申报指南，了解本次课题申报的具体要求。比如文件中是否有对课题负责人职称方面的要求，这关系到谁来当课题负责人；申报课题需要提交哪些申请材料？这关系到我们需要根据要求准备相应的材料；还要注意盖章的地方以及申报材料的截止时间，这关系到后续工作的安排。

2. 组建团队。如果我们自己想当课题负责人，又有自己想要研究的方向，那么可以根据自己平时的观察邀请人员组队。成员人数根据申报课题级别要求决定，尽量包含可以提供支持的领导，曾经参与过课题、科研能力较强又有热情的老师，组织活动能力强的老师，会写论文的老师。如果我们只是协助领导申报课题，那么课题成员名单就要征求领导意见。

3. 确定选题。首先，要想好申报微型课题的选题，这个非常关键。组织团队开会

确定选题，选题一定要有现实意义，作为一线教师，选题的切入口尽量小，不要贪大求全，尽量选择我们在实际工作中遇到的问题来研究。你可以在课题申报指南给出的选题范围内，结合你可以做的方向，选择一个较小的切入口。你日常工作中可以接触到的对象，以及他们可能呈现出来的共性问题，并且也符合课题申报指南中的建议方向，这些都属于比较好的小切口。其次，要有创新性，创新是课题的灵魂。你可以在中国知网等网站查阅文献，看看我们选择的主题有没有人做过。如果没人做过，是没有想到还是难度太大？我们是否能解决这些问题。如果别人做过了，我们有没有新的视角，这个不一样的视角就是创新的体现。

4. 填写并修改申报书。选题确定后，就需要填写课题申报书。建议在填写之前查阅相关书籍，了解每一部分的填报要点，形成课题申报书的初稿。再请专家或教科室主任提出修改意见，课题组成员再讨论修改，形成定稿，可能需要多次修改和完善。

5. 提交申报书。定稿后，我们需要再次阅读课题申报文件，按照文件要求在截止时间之前将申报书交到指定部门，然后就是等待立项结果。

总之，申报课题—成功立项—做课题的过程，就是一个团队学习和探索的过程，要边做边学，不断总结、反思，方能成长。

同行补充

黄珊珊（中学专职心理教师、硕士、国家二级心理咨询师、中山市优秀教师，曾获广东省第三届中小学心理教师专业能力大赛一等奖）：心理相关课题申报的具体情况，要根据各省市的实际要求进行针对性准备，虽然他们的要求不一，但都有一些共同特征，比如课题要研究什么？有何创新？如何开展？想要达到什么样的目的？课题成果以什么样的形式呈现？如果你还没做过课题，可以从厘清感兴趣的、有意义的研究方向着手，着重做以下两方面的准备：一是研究主题的探索；二是了解和熟悉课题申报、实施的程序性工作。

1. 课题主题的探索。

中小学一线心理教师研究的课题最好能贴近热点，解决学生的实际问题，指向学生的素养提升，一些虽然新颖但实效性不强的课题比较难申报成功。另外，有些课题虽然意义重大，但也要注意近几年是否已经有很多人在做了，我们即使要做这一主题，也是要建立在认真研究前人已做的工作基础上，找出我们的亮点和意义。比如生涯规划、学生发展指导等。新高考方案实施之后，很多这样的主题课题应运而生，我们如果也想追这样的热点，就要更深一步挖掘、更有创新。

前期由于经验不足会感到无从下手，或者内心有很多想要研究的课题，却理不出头绪，可以先从以下几个方面着手：①找到所在省市近五年的省级或市级课题立项的结果通报，了解前辈、同行研究过哪些主题，也可以在中国知网等平台搜索课题主持人近几年的论文，了解研究热点，把握这些研究的遗漏之处。②研究最新的热点、政策和文件，比如之前从国家层面大力督促的体育达标、劳动教育等，可否进行结合研究。③自己教学工作中的盲点或重点，最好可以结合学校的教育教学工作，这样可以将一部分老师纳入，方便推进。我所在的学校每两年都会让青年教师申报校级小课题，难度不大，但可以帮助青年教师不断厘清想研究的主题。

2. 了解课题申报、实施流程。

要注意省市级课题申报、结题的时间，打有准备之战。同时，多向同行、前辈学习，争取成为他们的课题参与者，做一些力所能及的工作，跟着学习课题申报的相关事宜。也可以参与同校其他学科组的课题，心理老师一般比较擅长问卷编制、实施和数据管理，这些工作能在其他学科课题中起到关键作用。我之前参与过英语学科组的关于英语学习风格的课题，也是受益匪浅，最主要的就是知道了课题申报书如何填报。现在网络上也有不少课题申报讲座和课程，可以留意并学习。

我的思考与经验

---

21. 如何设计教师减压讲座，讲座中可以做哪些活动？

适用对象：班主任、心理老师　　**适用场景**：教室、讲座

洪洁州 回答

匿名 提问：我是刚刚入职的小学心理老师，去年一学期只上过一个月课，与学校

老师还不熟悉。现在学校要求我开展一个教师减压讲座，该如何设计讲座内容呢？讲座中可以做些什么活动？

你希望讲座达到什么样的效果？

1. 最理想的状态，是先找理论依据，然后再调研现状，之后做分析，根据分析的结果来设计讲座内容和评估工具，最后做前后测的对比数据。这样做的好处是，教学、研究双管齐下。根据压力中介系统理论，教师减压可以从调节生理反应、调节自身免疫系统、减少压力源、调整认知和增加社会支持系统几个角度来做。但是一个讲座的时间容量有限，能做的只有分析压力源、调整认知和寻找社会支持系统这三个角度。这三个角度可以设计成问卷，然后围绕这三点去讲，期间穿插做一些体验活动。比如如何调节压力源：可以根据不同压力源，选择"战斗、逃避、僵住"应对方式；如何调整认知：认知评估严重性、行为自我控制或抽离、改变环境、建立内在控制感等；寻求社会支持：找身边可靠的人、找远方熟悉的人（旧友）、找专业陌生的人（咨询师）等，这些知识点可以用体验式游戏的方式来学习。

2. 如果你没那么多时间，可以去下载几篇有关教师减压的论文。整理论文中各段的论点、结论，合并成你的讲座大纲，然后再找一些素材填补，举几个例子，再设计几个体验活动（如填写压力问卷、玩热身游戏、蝴蝶拥抱技术等）。

3. 如果你还想更有体验感。可以在讲座中增加一些闭眼打坐的安排，用播放正念冥想之类的语音作为活动带领的素材（可搜正念呼吸、身体扫描、正念冥想获得相关资源）。

我的思考与经验

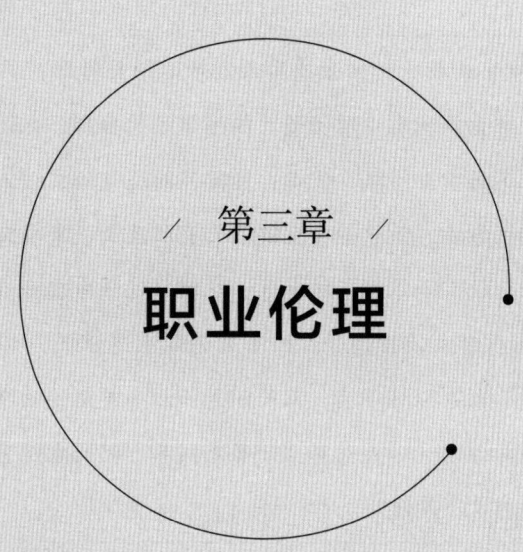

第三章

职业伦理

22. 心理辅导保密原则的界线在哪儿？什么情况下需与家长/班主任沟通学生情况？

适用对象：班主任、心理老师　　**适用场景**：教室、辅导室

冯荫 回答

匿名 提问：在辅导过程中，学生排斥让老师邀约父母到校沟通，害怕沟通后家长的管教更严厉，同时会责备她有心理问题。该生曾经想自残，也是因为害怕家长所以没有实施过。由于学生不同意老师联系父母，目前只能通过班主任以学业辅导的名义和家长沟通亲子教育的相关方法。虽然学生反映家长有所改变，来自父母的压力没有以前那么强烈了，但她对音乐的兴趣依旧不被允许。在辅导过程中我一直有个疑惑：心理辅导保密原则要求不泄露当事人的咨询过程，如果遇到上述情况，是否以当事人的意愿为主？曾有学生反映找心理老师辅导后，家长和老师都知道了他的事情，后来连同学也知道了，他认为老师不守信用，不愿意再主动寻求辅导。因此在保密原则的具体实施上感到两难，应该怎样把握这个尺度？

前几年我刚入职时，确实也有这样的疑惑。从我个人角度，首先梳理几层关系：

1. 咨询辅导坚持保密原则。例如不能在非保护性或当事人不同意的情况下讨论来访者的各种事件。显然事例中的心理老师完全违背了保密原则。

2. 厘清保密例外的原则。例如学生有自杀念头、伤害他人、违反法律等行为。这些在与学生第一次见面咨询时是要明确告知的，也是我们工作的底线。

3. 针对这个案例中非自杀性自残行为的处理。从个案概念化的角度，个案很大可能在比较压抑、粗暴、控制的状态下成长，可能父母给她带来了很大的心理创伤，然后形成逃避、退缩、想自残的应对模式。所以我个人觉得这是工作的重点，我可能会通过共情式倾听、积极关注、鼓励情绪宣泄，加上使用艺术治疗等策略以培养个案用积极视角看待创伤或压力事件。当个案经过辅导精神状态较稳定后，我会再转向父母表达感受、寻求支持的话题，根据她的情况再做引导。如果个案犹豫，我可能借机说：老师可以从老师的角度协助你与家长沟通，你不用担心。如果个案表示很难决定，我会尊重她的选择，但一定要和她签《安全协议》，例如用安全的方式表达情绪，不做伤害自己的事情等，以及表达如果需要老师会帮助她与家长沟通的支持态度。

我曾经处理过一个案例，个案在第二次辅导时鼓足勇气给妈妈写了一封信，保密式的，我也不知道具体内容，但她在写的过程中泪流满面。情绪宣泄后，她说心里舒服很多了。一周后，她告诉我她把信交给了妈妈，妈妈找她聊了很久，很多心结被打开了。总之，这类孩子可能最难面对的是和家长的关系，我们要做的重要工作之一是引导其勇敢面对可能不健康的亲子关系，致力于重新建立健康的亲子关系。

我的思考与经验

23. 上课和心理辅导时该如何与学生建立关系？

适用对象：班主任、心理老师　　　**适用场景**：教室、辅导室

陈银欢 回答

匿名 提问：我是一名小学心理老师，平时又要上课又要带午托。为了管好班级，有时必须批评一些调皮的孩子，有时也会把他们直接交给班主任。但是这些孩子大多又是需要做心理辅导的，挨批之后不愿意再跟我说心里话了。请问应该怎样平衡管理班级纪律和心理辅导的关系呢？

心理老师也是老师，肩负着老师的职责，而且小学生的三观还在发展中，作为老师，有义务和责任引导学生树立正确的价值观。

学校的心理老师不是心理咨询师，心理咨询和校园心理辅导有很大差别，我们不必给自己加上很多条条框框的限制。心理老师同样有需要遵守的伦理边界，我们要做到保密，同时也要提前告学生知保密例外，但我们不是心理咨询师，需要结合学校里的具体场景、具体挑战来讨论。

小学老师的工作比较烦琐，同时面临双重角色身份，上课时需要管理课堂纪律，要求跟其他学科老师一样；但在心理辅导时，心理老师作为知心哥哥/姐姐般的角色和学生亲近，建立信任感。心理老师可尝试主动告知学生现阶段的角色及要求。比如在开展

心理健康课时，告知学生我们要遵守共同的约定，破坏和违反约定要承担责任。如孩子破坏约定的规则，心理老师最好不要直接转给班主任处理，这样容易丢失孩子与你建立的信任感。

当开展心理辅导工作时，则明确告知学生心理辅导可以说出内心的悄悄话，老师会遵守保密原则。心理老师的难处就在于看到学生的错误要不要进行惩罚，这个时候需要确认自己的身份，此刻的自己是行政老师还是心理老师？当你是心理老师的时候就按照心理老师的角色来做，当你是其他身份的老师时就按照相关身份来处理学生的问题。

我的思考与经验

24. 同时担任科任老师的心理老师，该以怎样的角色面对学生？

适用对象： 心理老师　　**适用场景：** 教室、辅导室

乔翠翠 回答

匿名 提问： 我在学校既担任心理老师又兼任其他科目，两种课的氛围完全不同，请问我该以怎样的角色和孩子们相处？

我也曾遇到过这种情况，当时整个人感觉很分裂，换个角度想想，其实也有一定好处。

第一，你会比较了解这个班的学生，制订课程内容、设计课程、组织课堂、课程实施都能根据学生实际情况来，可以因材施教。对学生来说，你能在他们最需要引导的时候给予帮助。

第二，你可以就某个主题对这个班进行持续性的辅导，在课程实施中可以随时监控效果。做好前后测，你还可以得到数据，分析比较后可以作为自己的课题，对课程研发和科研能力有一定帮助。

第三，这个班的学生会比较信任你，在和你的关系中有安全感，那么你的心理辅

导对他们来说更容易取得效果，因为所有治疗的效果一定首先建立在信任关系上。

不过也有一些细节需要注意。在进行其他科目的教学时，首先，不要随意地使用你在心理辅导中了解到的个人信息、行为或者认知特点对学生进行评价。也就是说，在心理辅导和心理课上你们建立的关系，包括你获取的学生的信息，必须要得到保护。其次，即使学生在其他科目学习中犯错，也只能针对他们的行为提出改进的意见（或批评），不能上升到人格。最后，就是在心理课上我们需要建立一种包容、开放、尊重、接纳的氛围，在知识讲授和观念讨论中，也要持比较中立的态度，不能以其他学科的评价方式来评判学生在心理课的行为。因为教考试科目时间久了难免会有成绩压力、有外部评价标准，所以要有意识地区分自己的两种角色，并且保持专业性。

我的思考与经验

25. 是否应该把老师的个人微信、电话公布给学生？

适用对象：班主任、心理老师　　**适用场景**：教室、辅导室

安夏 回答

匿名 提问：老师的微信、电话是否应该公布给学生？担心给自己带来影响，而且微信聊天等会留有证据，一句话不注意说不定就会给自己带来麻烦。

这是一个好问题。我认为微信聊天记录证据是件好事，一是因为微信聊天记录已被法律认可，可作为有效的法律证据，但必须满足真实性、合法性和关联性等基本证据要求；二是很多时候它能证明你确实根据法律法规做好了学生的跟进和辅导工作，证明你有作为，这有利于保护你自己。至于你担心的证据保留对你不利，是担心你伤害了学生还是其他原因？按照法律法规在专业范围内做好工作，正常情况下不会有什么问题，相信你也不会在微信上做出辱骂和伤害家长或学生的言论。如果你感到不耐烦，那就要控制好自己的情绪，做好情绪管理，注意沟通的规则和边界，保护好自己。

同行补充

小**儿：我是担心孩子万一出事，家长会以微信聊天等作为证据，认为我某些话说得不对刺激了孩子。之前听过一个案例，一位心理公益热线的接线员，因为求助者问吃了抗抑郁药没有用，可不可以停一停？这位接线员回答：那就试一试吧。后来求助者自杀了，接线员被判了刑。我是觉得咨询是一种比较主观的行为，不能保证自己说的每句话大家都认为正确。

安夏 回复 小**儿：凡是涉及医疗决策的都不要参与，因为心理老师没有诊断权和处方权，无权给予建议。一般学生和家长问起，我们只需要回复谨遵医嘱。另外国家已出台《心理热线管理与服务规范》，心理老师日常要多学习相应法律法规，不断提升自己的专业技能。

S*X. 回复 小**儿：《心理咨询条例》中明确规定要与来访者建立边界感，所以这个边界感怎么建立需要你自己考虑清楚。我一般不会给学生留私人电话和QQ等联系方式，给的都是工作上的和学校公用电话。

小**儿 回复 S*X.：有时候是班主任把我的联系方式直接给了学生。

S*X. 回复 小**儿：那就需要规范学校心理咨询相关制度。我们学校也有班主任问我的电话，我就明确说明了情况，也申请把相关条款列入学校心理咨询规章制度。

安夏 回复 小**儿：先认真学习《中华人民共和国精神卫生法》以下简称《精神卫生法》和各地学生安全条例、学校管理条例等法律法规，这些是法律上判断是否担责的重要依据，先明确知道什么不能做，或者该做什么。目前伦理规则等在法律上的效力十分有限。先学会如何保护自己，再从专业角度考量应该怎么做。别人的行为你控制不了，但是你能主动划定边界和规则，当然前提是你不能违背法律法规。

安夏 回复 S*X.：是的，学校自行制定的管理条例也具有法律效力，作为诉讼判定是否担责的依据参考，所以推动校内管理条例的制定和修改也是很重要的。注意当前管理条例不能违背法律法规，否则也会被判为无效条例。

我的思考与经验

26. 班主任希望了解学生的咨询详情，我应该告诉她吗？

适用对象：心理老师　　**适用场景**：辅导室

闫芳 回答

> **匿名 提问**：有学生因为情绪困扰来找我辅导，事后班主任向我询问学生的情况，我解释了保密原则，但班主任不能理解为什么学生出现问题不能告诉班主任，不了解学生的情况怎么解决学生的问题？对于这种情况我该怎样处理？

亲爱的同仁，保密原则在机构心理咨询和学校心理咨询中是有差别的。学校心理健康教育是个系统工程，需要多方力量的参与，尤其是与学生接触最多、也最了解学生的班主任能起到至关重要的作用。

我的做法一般是这样的，辅导时我会评估来访者的问题是否需要班主任或者家长的协同参与。如果需要多方协同，辅导结束前我会和来访者沟通，是否愿意把情况告知班主任或者家长，让大家一起帮助他；然后协商告知的程度，是可以全部告知还是有些隐私话题不能告知。

通常咨询结束后我都会和班主任主动沟通，说明学生目前的情况。如果学生情况不严重且不愿意告知班主任，我会粗略地和班主任说一下情况，学生目前因为哪些情绪状态不佳，不过问题不严重，适当调节即可，请班主任放心。如果学生情况严重需要班主任协助或密切观察，我会主动向班主任告知经学生同意的具体情况，并请班主任做好保密工作。

以上方式都是不在保密例外的前提下的，特殊情况需要打破保密原则。

同行补充

李南（高中专职心理教师、硕士、国家二级心理咨询师、山东省心理健康教育先进个人）：作为学校的心理工作者，我非常理解班主任的心情，说明班主任是非常认真负责的。每个人都有好奇心和求知欲，当学生找心理老师咨询的时候，班主任既好奇又担心学生问题严重，这是人之常情。我们既要遵循保密原则，不破坏咨询关系，让学生最大程度地信任我们，又要宽慰班主任紧张的心情。所以在学校做心理工作，我们要做到以下两点。

1. 掌握主动权。学生咨询完以后，心理老师主动跟班主任反馈，至于反馈的内容则由我们自己决定，征得学生的同意后，选择将哪些情况告知班主任，以及需要提醒班主任的注意事项。人总是对未知的事物充满恐惧和担心，因为未知，所以下意识地对不清晰的部分进行想象，又因为只是想象，其中会充斥着很多不理性的认识，很容易把未知事物脑补得很恐怖。当我们选择性地告知班主任学生的情绪问题以及严重程度，等于给班主任吃了定心丸，班主任反而放心了。

2. 发挥辅助力。班主任是学校实施心理健康教育工作的主力军，我们可以充分发挥班主任的辅助作用，定期给班主任做心理健康教育的培训，提升班主任的心理素养。这样，面对学生的心理问题，班主任可以做到有效识别、有效预防，有些班主任甚至能达到有效干预的程度。

补充知识点

保密原则：是指心理咨询工作中的有关信息（包括个案记录、测验资料、信件、录音、录像和其他资料）均属于专业信息，应在严格保密的情况下进行保存，不得列入其他资料中。仅经过授权的心理咨询师和档案管理员可以接触这类资料，任何其他人员都无权查看心理档案室档案材料。

我的思考与经验

---

27. 家长想了解心理辅导内容，认为学生有问题是因为老师，该怎样和家长沟通？

适用对象：心理老师、家长　　**适用场景**：辅导室、家庭

乔翠翠 回答

匿名 提问：我给学生做完心理辅导后，经常有家长询问跟他的孩子聊了什么。我

告知家长谈话内容需要保密，有些家长还是觉得孩子出现问题是受心理老师的影响。遇到这种情况该怎么办？

从你的问题中，我能看到你的专业素养和对原则的坚持，也能感受到你心中有些许委屈。事实上，在学校为学生做心理辅导，保密的界限总是很难界定。很多心理老师都曾被家长甚至班主任误解，不被家长信任也是常见的情况。我曾经历过很经典的案例：在精神病医院做护士长的学生妈妈非常不信任我，但她的孩子看过很多心理咨询师之后只接受我的辅导。这种情况下只需要按我们的工作伦理尽力帮助孩子就好了，与家长保持正常的沟通即可。

我们的工作对象是未成年人，父母作为监护人总是想知道孩子的一切，尤其当孩子进入初中不再愿意主动与父母分享、交流时，班主任作为学生在校时间的监管人，需要知道学生的一举一动和思想动态，以确保自己能完全掌握学生的状况，进而保障学生的安全与健康、良好的学习状况、融洽的同学关系以及符合中小学生行为规范的行为举止。基于此，心理老师就面临两难选择：嘴到底应该严还是不严？严——遵守心理咨询的保密原则，让家长和班主任不放心，可能干扰后续的心理工作；不严——让家长和班主任放心，也能更好地配合心理工作，但是没有严格遵守保密原则。

在实践中，我们可以采用稍微折中的方式：

1. 明确告知家长和班主任学生前来寻求帮助的事由（比如"和同学发生冲突，自己心情很差，也觉得有些委屈，特来找我倾诉"），我们对学生问题的评估（比如"通过仔细询问，了解事件经过，我们一致觉得他目前的心理困扰属于这个阶段的孩子中很普遍的现象，不用过分担心"）。

2. 我们如何一起解决他当前的问题（比如"我们一起分析了目前的问题，想到了几种解决的办法"）。

3. 辅导效果（比如"我们约定好让他自己先去解决，一星期后再与我分享结果，如果解决得不够完美，我们就一起再想新的办法"）。

采用这种方式时也不用和家长/班主任说得特别详细，像举例那样简略说一下就好。如果家长/班主任对我们的回答仍不满意，想要知道更多，我们可以反问他们"孩子在家里有没有跟您聊过相关的话题？""他平时在家/班里是如何表现的？"等问题。一来，是转移家长和班主任的注意力，让他们不再纠结心理辅导过程中孩子说的话，而是聚焦于孩子平时的表现，家长/班主任对孩子的评价。二来，我们也可以通过家长/班主任收集更多的关于来访者的信息，更全面地评估来访者的问题，从而提供更多的帮助（如果来访者的辅导已经结束，没有后续，这些信息可以帮助我们反思自己的工作，从而对自己有所提示）。

曾经有一位"优秀班主任"因为从我这里问不出学生很具体的信息，遂搬弄是非，挑拨我和来访者的关系，她后来还是得知了详情，但是来访者从此不再信任我还到处说我的坏话，这个班的学生都不再找我咨询。这件事给我的教训是在咨询开始前要和学生讲明保密条例和保密例外，在咨询结束前与不需要突破保密原则的来访者商讨："如果你的班主任和家长出于关心一定要从我这里了解你本次咨询的信息，你希望我怎么回应？"如果学生表示可以给他们透露一点儿，就继续商讨"关于咨询的主题、你的心理状态和之后要采取的措施，你希望我怎么说？"学生给出答案后，与他约定："如果你的班主任和家长一定要问，我只说这么多，别的一个字都不会说！如果别人声称从我这里问到了什么信息，你可以直接来找我求证。"

我的思考与经验

28. 因被学生冤枉遭家长质疑，我该怎么处理？

适用对象：班主任、心理老师　　**适用场景**：辅导室、教室

王雅 回答

> **匿名 提问**：最近有个曾找我做过辅导的学生来辅导室休息，我询问她是否请好假才过来的，但学生没有回应，直接跑出去并喊着"要休学"。学生回家后跟她妈妈说我推她并骂她。现在家长来质问，作为心理老师，遇到这种情况我应该如何处理？

这的确是个让人头疼的问题，被误解是教师这份职业要承受的压力之一。

1. 我们要保持冷静，请学校领导在场协助，耐心听家长抱怨完，再解释当天的情

况，不隐瞒，不夸张，实话实说。这也是我们职业素养的一种体现。

2. 让家长知道你作为老师的职业道德。我们是为了帮学生，而不是去伤害他们。提醒家长我们的教育目标是一致的，都是为了孩子的健康成长。家长来学校质问老师，本身给孩子做了一个错误的示范，孩子如果学习到这种处理问题的方式，可能会认为只要闹一下就能得到自己想要的结果。然而，这种方式不仅不能解决问题，还可能引起更多的麻烦和矛盾。

3. 如果经过以上沟通可以解决问题，我们就向家长介绍一些有效的家庭教育方法，帮助他们更好地引导孩子成长，向家长再次强调自己的职责是保护学生的隐私和权益，希望家长能够理解和支持自己的工作；我们再找机会跟学生谈谈，了解她的真实想法。如果家长还是无理取闹，我们就需要学校领导或其他老师帮忙调解，还原真相，如有必要调取监控录像。

4. 这件事我们也需要记录下来，反思自己的处理方式，看看有没有可以改进的地方。

亲爱的老师，别太往心里去，这可能只是一个误会或学生的情绪反应。如果感觉压力大，就找同事或专业人士聊聊，寻求建议和支持。

同行补充

黄珊珊（中学专职心理教师、硕士、国家二级心理咨询师、中山市优秀教师，曾获广东省第三届中小学心理教师专业能力大赛一等奖）：你可以向学生的家长和班主任了解孩子的情况，包括为什么孩子会在上课时不在课室，最近的情绪状态，孩子为什么会喊休学，与老师的关系等；也向家长表明态度，如果孩子返校需要你的帮助，你愿意跟进。如果家长执意纠缠，也不必和他们争吵，或许家长的问题也是诱发孩子问题的因素之一。

我的思考与经验

29. 某老师在演讲时提到抑郁同学，这样做妥当吗？

适用对象：班主任、心理老师　　　**适用场景**：讲座

安夏 回答

匿名 提问：最近在学校的一次演讲中，有一位老师讲了一个抑郁症学生和她之间的互动。这位老师没有提学生的名字，但学生因为抑郁症休过学，后转学到其他学校，所以大部分听演讲的老师都知道这个学生是谁。我自己认为，尽管没有提学生的名字，学生也已经转学，但患有抑郁症的学生的情况仍然不适合在公开演讲中出现，更不能在公开场合讨论。我的看法对吗？

这个问题问得好。《精神卫生法》里有两条法规可以回答这个问题：

第四条　精神障碍患者的人格尊严、人身和财产安全不受侵犯。精神障碍患者的教育、劳动、医疗以及从国家和社会获得物质帮助等方面的合法权益受法律保护。有关单位和个人应当对精神障碍患者的姓名、肖像、住址、工作单位、病历资料以及其他可能推断出其身份的信息予以保密；但是，依法履行职责需要公开的除外。

第七十七条　有关单位和个人违反本法第四条第三款规定，给精神障碍患者造成损害的，依法承担赔偿责任；对单位直接负责的主管人员和其他直接责任人员，还应当依法给予处分。

《精神卫生法》明确了侵犯精神障碍患者隐私权、侵犯精神障碍患者或其他公民合法权益的单位或个人要承担民事赔偿责任。判断是否侵犯了精神障碍患者的隐私权，一是要看这个学生是否属于精神障碍患者，是否适用这条法规；二是要看演讲者是否依法履行职责需要公开。如果属于可公开也可以不公开，不需要公开的情况下公开了，演讲者有触犯法律的风险。

我的思考与经验

30. 学生通过QQ咨询心理问题，做不到共情怎么办？

适用对象： 心理老师　　　**适用场景：** 辅导室

安夏 回答

匿名 提问： 我在学校遇到一个学生，不知道他从哪里得到了我的私人QQ号，周末晚上在QQ上向我咨询心理问题。说实话，我当时已经处于准备过周末的心理状态了，我知道应该共情，尽力帮助他，但是这种情况下真的很难做到。我建议他预约下周二的咨询，鼓励他到咨询室来好好聊一聊，但他拒绝了。当我问到他班级和姓名的时候，他就把我拉黑了（我给他发12355青少年服务平台的联系方式时发现对方已不是好友）。我也知道我当时的做法不是最正确的，应该倾听、共情，但是这样做会非常消耗自己，实在做不到啊。遇到这种情况应该怎么办呢？

先照顾好自己。不管是亲人、朋友，还是同事、学生，他们都会偶尔有一种错觉，认为你理所当然地要立即响应他们的需要。工作之余，你如果有时间、精力，有意愿，那就回应他们的求助。但是，如果你没有足够的精力也可以不做，这没有标准答案，也没有非做不可。说到底，我们只是一个普通人。请一定要先照顾好自己，不能过度消耗自己，否则你在这个岗位上坚持不下去，对更多需要你帮助的学生也是一种损失。而且你已经响应了这个学生并给了替代方案，但对方的回应并没有按照我们所期望的方向走。没关系，你已经尽力了，请和自己说一声：辛苦了。

当然不同老师会有自己的见解，你可以看看其他同行老师的补充。

同行补充

烛*筠： 我认为不能帮。原因如下：①界限必须分明。在学校，你跟学生是心理老师跟学生的关系（或者说咨访关系）。在校外，你的身份就是一个普通人，不应该与学生有过多牵扯，有问题在咨询室解决。②过多牵扯恐造成移情。心理老师不等同于心理咨询师，在学校能解决的也只是学生的情绪问题，其他心理疾病应转介专业人士处理。除在咨询时间可以给予学生无条件积极关心外，其余时间不应让学生产生过多依赖。③心理老师应向学生明确职责。有学生想要加你的微信或QQ，应向学生讲明，如果有问题请到心理咨询室预约，约好时间进行咨询。下班时间是属于老师的私人时间，不接受打扰。④我们只是一个普通的心理老师，我们主要的职责是在学校为学生传授心理健康知识、做情绪安抚、接个体咨询。

胡*Kailey：我觉得大可不必这么纠结。如果学校要求心理老师在工作之余也要尽自己所能帮助孩子，那就给予回应；如果没有做硬性要求，就遵从自己的内心，自己能够接受业余时间跟家长和孩子交流，只要不影响生活就可以给予帮助；如果担心影响自己的生活可以委婉拒绝："上班时间我没课的时候基本都可以联系到我，我们也可以提前预约，方便我有个准备。"依我个人的经验，无论孩子、家长，还是比较有"界限感"的，前提是我们先要明确自己的界限，而不要首先把自己推入两难境地。

深*：设置距离对大家都好。在知晓学生的意图后分几种情况来回应：①倾诉或预约。不急于回复。告知学生会在工作日回复，给QQ号或邮箱即可。②平时课业忙没时间、想线上咨询的学生。如果问题不严重，方法如上；如果问题严重，希望老师配合的，可探讨他是否真的自己重视该问题，并且想改变？还是说，人际沟通模式属于希望别人配合型？如果是，应对方法是不给。③想和老师做朋友，了解老师朋友圈的学生。不给微信，毕业后可以再考虑。④特殊类型，可分情况对待，告知必要性，再给电话号码。比如，非紧急的咨询，可经班主任知晓后，让其在工作日来电或短信；特殊情况下，可在必要时通电话或短信，微信限制为仅聊天模式。

迷*：班上的学生或者有一般心理问题的学生，我会给他们QQ号，因为QQ只会偶尔看一下，不容易被打扰。如果有些学生非要我的微信，我也会给，但是会告知学生，老师在休息时间不一定会及时看和回复，有空的时候才回复，回复可能很简短，但是老师知道了他的情绪和状态，如果有需要可以在上学的时候来咨询室探讨。这样既让学生感觉到界限，又不会给自己增加太大的压力。我们一般不给学生私人电话，但可以给工作座机电话，告知工作时间。但是需要危机干预的学生问我要私人电话，我会给的。如果你确实觉得给学生QQ号、微信或者电话号码会让自己没安全感、焦虑，会给自己增添很多烦恼，也可以不给。因为心理老师平时的工作压力也很大，首先要把自己照顾好，才能更好地做咨询和其他工作。

Treasure：我准备了两个手机，一切与工作相关的事件都转移到工作机中，明确界限。但是休息的时候完全不看工作机也是不现实的，可根据情况处理。

我的思考与经验

31. 学生经常通过钉钉问问题或闲聊，我该如何设置边界？

适用对象： 心理老师　　**适用场景：** 辅导室

林红丽 回答

> **匿名 提问：** 班上有个男生下课后经常找我问问题，最近放学后他每天都会在钉钉上找我，说对心理学感兴趣，问我他朋友患有抑郁症该怎么办，自己也比较容易受他情绪影响，容易失眠，有时只是闲聊。我问过其他科任老师，该生也会经常找他们问问题。我感到比较矛盾的是，作为老师我好像应该回答他，但作为心理老师好像应该设置边界。这种情况我该怎样处理呢？

首先无论怎么处理，我们都可以感受到孩子对你的信任。这份信任其实也是对你工作的认可。

我也感受到了你的苦恼，我们需要工作，同时也需要生活。在大学时，教心理咨询的老师就曾告诉过我们，心理辅导要有界限。这自然是有道理的，心理辅导多少会接受一些负面情绪，我们的情绪也容易被卷入其中。我刚做班主任时，遇到一个孩子（后来知道他有边缘型人格），当时他和另外两个老师闹矛盾，常常夜里给我打电话，哭诉、宣泄。可能是因为心理学专业出身，我当时想如果他有自我伤害行为怎么办？这个时候他最相信我，我必须给他支持。这种情况持续了一两个月，我自然是吃不消的，整个人情绪很消沉。我和一个老班主任说到这件事情的时候，他说，这不是骚扰吗？那个时候我才突然明白，我和他之间也需要有界限。我也需要找到支持的力量（人），先照顾好自己。

举这个例子，其实是想说，不管是心理老师，还是其他学科的老师，我们在工作和生活之间都需要一些界限。特别是下班回家，孩子向我们请教问题的时候，我们完全可以说"你这么认真,老师特别欣赏你,不过线下当面沟通我可以讲得更细致"。不过一般而言,孩子不会经常在晚上回家后通过网络方式来问学科问题,但是心理问题却不一样,没有界限,学生就会有什么聊什么。所以如果是关于心理辅导的问题,我们可以和孩子说:"谢谢你这么信任老师,不过我们心理辅导是有设置的哦,除非特殊情况,一般我们只线下接受辅导,需要的话可以每周一次,每次一个小时。这样更有助于帮助你解决问题。所以你看看在学校的时候哪些时间段有空,我们可以约一下。"

而且事实上,确实是良好的咨询设置能更好地帮助孩子解决心理上的困惑。所以,你的界限既是在帮助你自己,也是在帮助孩子。

同行补充

橙*:就像在心理咨询中的伦理要求,不可以与来访者建立双重关系。在学校中虽然做不到这点,但是我觉得尽量可以避免的是,不要加学生微信,不要有太多私下的交流。学生有问题,请他到学校找老师。

补充知识点

咨询设置:咨询设置就是心理咨询师对心理咨询的实际操作过程的具体安排,是心理咨询师为心理咨询的实施精心设计的、事先安排好了的、要求咨询师与来访者均须遵守的基本规则,是咨询获得成功的基本前提。

我的思考与经验

32. 需要重点关注的学生经常通过QQ倾诉，我应该无条件帮助还是设置好边界？

适用对象：班主任、心理老师　　**适用场景**：辅导室

陈银欢 回答

匿名 提问：我有个学生属于学校重点关注的孩子，她有我的QQ号，经常一有烦恼就在QQ上跟我说，我应该无条件帮助她吗？有没有其他更好的方式？刚开始我还很愿意通过QQ陪伴她，听她诉说烦恼，但次数太频繁了，无论我是上班，还是休息，她经常找我，让我越来越疲惫。我告诉她可以预约咨询，在咨询室更好地听她倾诉，但她经常说怕自己熬不到那个时间，遇到这种情况，我应该怎样处理才不会让她对我丧失信任感，我也可以协调好自己的休息时间？

　　遇到工作和生活的边界变得模糊，经常被"打扰"的情况，心理辅导就要设定工作边界。这位学校重点关注的学生，每时每刻地"需要"你，可以看出这个孩子是属于情感需要高度关注的个体。你要跟她商量你们新的互动方式，设置好咨询的时间段。告诉她QQ咨询很难真正帮助她，建议定期线下咨询，"熬不到"那个时间点的原因是什么？你可以在跟她面谈时，让她先把自己的情况和原因写下来好好梳理，协助她思考身边除了你还有哪些人能帮她解决问题，协助她发掘自己身边的资源，发展出自己面对问题时解决问题的能力。同时，约定你们每周面谈的具体时间，让她知道老师很重视她，但解决问题需要时间，所以面谈才是最好的方式，让她有延迟满足的能力才是真正对她有帮助的。

我的思考与经验

第四章
工作边界

33. 班级管理跟心理健康工作的界限在哪里？如何和班主任分工明确？

适用对象：班主任、心理老师　　**适用场景**：教室、文书工作

鲁洁 回答

匿名 提问：我们学校有个高一班主任，班里一有问题就找我。比如最近发生的一件事情，班里两个女生吵架，其中一个女生说争吵内容被别人听到了，甚至被传到别的班级，觉得很丢脸，知道班主任给家长打电话后要退学回家。班主任说她一直在安慰那个女生，现在情绪稳定了一些，不说退学了，但也不去上课，就在她办公室坐着；昨天甚至没回寝室睡觉，在另一个班的女同学那里过夜。班主任希望我去和这个女生聊聊，问清楚原因并说服她回去上课，我拒绝了。我认为这属于班级管理问题，班主任应该先调查清楚事情的原因，我只是一个一周一节课的心理老师，学生对我的信任度并不高。如果学生担心同学们议论她，也要班主任去做工作。我想请问一下，作为心理老师，遇到这种情况该不该插手？或者在哪个环节插手最好呢？学校关于班级管理跟学校心理健康工作的界限并不明确，导致我感觉自己老是被班主任塞任务，该如何界定班级管理和心理健康辅导之间的界限？

能感觉到这类问题让你比较苦恼，但换一个角度看，班主任可能把心理老师当成百事通，觉得孩子的问题心理老师都知道怎么解决。关于班级管理跟心理健康工作的界限以及距离的把握，其实看我们怎么想。如果觉得超出了自己的能力和职责所在，我们可以拒绝，告诉班主任他才是最了解班级学生情况的人。如果你觉得可以和班主任一起出谋划策，帮班主任把班级工作做好，也可以介入。

在我看来，心理老师要想在学校顺利开展工作，班主任就是自己最好的帮手。有时候班主任不是不想处理，而是他们缺乏这方面的能力，所以我们可以给班主任做相应培训，让他们了解学生的发展特点，以及常见的学生问题和对应的解决办法。我们要争取班主任的理解，心理老师精力有限，针对学生出现的一些行为及心理问题，鼓励班主任先自己解决，实在解决不了，我们也乐意伸出援助之手（比如我们可以给方法、建议，或者心理辅导，但班主任必须配合）。

其实有些班主任不一定有班级管理能力，如果你们学校普遍存在这样的现象，那也

说明他们的能力有待提高。我们也可以针对这个问题进行"如何将心理学方法运用在班级管理中"的相关课题研究，并争取校领导的支持。

我的思考与经验

34. 如何拒绝其他科任老师的要课申请？

适用对象：心理老师　　**适用场景**：教室

乔翠翠 回答

匿名 提问：每到快开学的时候，我最担心的就是遇到这种情况：被占课！心理老师是不是也不能太软弱了，要敢于拒绝？如果您遇到这种情况会怎么回绝科任老师呢？

我以前在公办学校的时候也经常有老师要心理课时，甚至有的班主任明言："现在只有你的心理课是副课，其他都是主课了。"如果直接拒绝大家都会尴尬，我一般会回应他们所说的"课时不够"问题："对啊，课程安排好紧张，学生还是需要更多时间练习的。"然后提出我的想法："我最近也感觉到课时不够，要不咱俩换课吧？你看哪天要外出，你的课我来上。"再从手机里调出我的课表，一本正经做好换课的准备。对方就看出来我不想被占用课时，就会放弃了。

我曾经跟副校长要过课（得知他要外出，我迅速去要课），学生们很兴奋，大喊"心理老师威武"，其他老师知道我连副校长的课都敢要，基本就不会再来打我的主意了。

但是如果对方确实有急事，或者课时落了很多，或者成绩太差想给学生们补一补，可以考虑送一节课给他。毕竟我们没有考试压力，少上一节课，只是会受到责任心的小小谴责，但对方多上一节课会安心一些，这也算是某种方式的"助人"吧。

总结一下，拒绝被要课的方法有：①主动处理。②以换代要。

我的思考与经验

35. 学校对心理老师的期望较大,新手老师该如何定位自己的发展,以回应大家的预期?

适用对象:心理老师　　**适用场景**:文书工作

林红丽 回答

> **匿名 提问**:我是一名新入职的心理老师,应该是我们学校建校以来第一个全职心理老师。今天第一天上班,上午一个小时内就接到两个求助;中午一个高三班主任又打电话咨询亲子冲突该怎么处理,孩子不听家长的,希望我能提供一个方案。我感觉学校老师对我的期望很大,希望学生们上了心理课就能开始认真学习。我该如何定位自己呢?如何让班主任和领导对心理老师的预期合理化?

欢迎你加入心理老师的队伍。看到你说自己是个新手老师,并且是建校以来第一个全职心理老师,我非常羡慕。我们经常会在学校身兼数职,我很好奇你现在的课务安排,以及其他的心理健康教育工作的计划安排是怎样的?因为这些安排可以决定你的作用如何体现。

第一天到学校就有高三班主任向你求助,让我看到了你们学校对于心理老师的期待,也可以说是对于心理健康教育的期待。换个角度来看,有这种期待也是一件好事,因为这表明他们认可心理健康教育的作用。期待的背后其实是机会。我们该如何把握这个机会呢?也就是你说的,我们该如何定位?

第一个定位:心理学专业的背景会赋予我们从不同视角去看待问题的能力。在老师或者学生遇到问题的时候,我们可以提供专业视角和专业技术,给予对方支持,就如医生看病一样。比如你一来,就有高三班主任马上打电话咨询亲子冲突怎么处理。我觉察到的是班主任内心的焦虑,这个时候我们是不是可以给予班主任情绪上的一些支持呢?倾听她讲述孩子的情况,采取过哪些方式,可能她说着说着,自己就有想法了。所以,在我们的工作中沟通是非常重要的。如果是针对亲子冲突的问题,可以建议班主任和家长聊一聊,了解具体问题,再具体问题具体分析。我们刚入职,自己的经验也不是很丰富,所以很多时候情感上的支持和接纳也可以给对方很大的帮助;而另一方面,这些问题又会促使我们不断去学习,提升自我,变得更有力量去应对问题。

第二个定位:我们是老师,教育是一棵树摇动另一棵树,一朵云推动另一朵云,一个灵魂唤醒另一个灵魂。教育本来就是一个慢过程,其实老师们自己也知道一堂课不是万能的,也知道孩子们不可能上了心理课就马上"焕然一新"。但是就好像我们的身体已有沉疴痼疾,来了一个医生,我们就特别希望马上药到病除。这背后的需求是什么呢?希望得到专业的帮助,希望可以解决问题。所以,亲爱的老师,认真备好我们的课,上好我们的课,给予老师和学生支持,让他们慢慢感受到心育的力量。我们可以把握现在的机会,和他们交流什么是心理健康教育,以及心理课的目标是什么。

我一直觉得心理健康教育不能只靠心理老师,而是"全员心育"。如果所有老师都了解心理健康教育的内容,掌握心理健康教育的方法,并渗透在教育教学的方方面面,对孩子的心理健康才能起到更大的作用。所以我们可以利用一切机会,给老师们普及心理健康教育的内容。

当然,心理老师的职业和医生类似,既靠专业,也要靠阅历积累的经验。所以,不要急,我们一起,一步一个脚印慢慢来。

同行补充

伊*霆: 同样作为学校第一个专职心理老师,我用了一年时间才基本解决了同样的问题。这其实涉及如何普及心理健康知识,在工作的过程中潜移默化地转变学生和老师对心理学的不正确认识。让老师和学生明白心理学能做什么,不能做什么,这点非常重要。

补充知识点

1. 全员心育:是指教育系统内部以健康促进为导向的中小学心理健康教育要关口前移,需落实学校全员责任,落实全员心育,即每一位教职工都应承担心理育人的职责。

2. 心理教师职责定位相关文件:长期以来,在我国,无论是实践领域还是学术领域，对于心理教师的专业内涵、角色和职责都有着各种不同的认识和理解，未有统一的政策文件对此做出规范。因此，在实践领域，存在着心理教师地位尴尬、角色模糊甚至冲突的现象，主要表现为心理教师与管理者角色的混淆，心理教师与德育教师的混淆，心理教师与普通教师的混淆等。关于学校心理教师这个职业的角色定位和工作内容，可以参见2016年广东省教育厅颁布的行业规范性文件。可搜索广东省教育厅关于印发《广东省教育厅关于中小学校心理健康教育工作规范指引》等三个文件的通知。

我的思考与经验

36. 心理老师应该主动找学生做辅导吗？

适用对象：心理老师　　　**适用场景**：辅导室

王雅 回答

匿名 提问：我是一名高一心理老师。学校领导希望我多主动找学生做心理咨询，但我觉得有几点困难：一是很难找准学生；二是我个人觉得主动去找学生会无形中加重学生的压力。如何才能满足学校领导的要求，又不给学生增加压力？

我可以分享一些思路给你。

1. 建立信任感。通过平时的心理课堂和日常的活动让学生知道什么是心理辅导，并且愿意信任你，在遇到困难的时候，愿意来找心理老师寻求解决方法。

2. 提高心理老师在学校的知名度。让学生知道心理辅导中心在哪里；学生遇到困难的时候，知道心理老师可以帮他们做什么；知道如何能够找到心理老师。这就需要我们在平时下功夫，通过各种机会做好宣传工作。比如在"国旗下讲话"活动时间，学校的广播站、宣传栏，开展一系列的心理健康宣传活动等等。

3. 可以找机会组织起一支自己的学生队伍，比如学校心理社团。这些社团的学生会口口相传，在潜移默化中帮你去宣传心理健康教育和心理辅导的重要性，以及给学生提供最及时的帮助。

4. 组建一些同质的团体辅导。可以让班主任推荐一些同类需求的学生来参与团体辅导。但最好不直接跟学生说是班主任推荐的,可以采用给班里发邀请函或者"门票"的形式,让班主任假装随机发给这些孩子。在团体辅导的过程中,孩子们和老师建立起信任关系之后,他们自然而然就会愿意接受个体辅导。

当然,这只是一个大概的思路,更多具体的做法,需要结合你所在学校的实际情况一事一议。

我的思考与经验

---

37. 心理辅导工作和学生家庭内部问题的边界如何界定?

适用对象: 班主任、心理老师　　**适用场景:** 辅导室、家庭

陈银欢 回答

匿名 提问: 我们学校有个一年级的女孩子,她爸爸妈妈经常吵架,一吵架,双方会都退出班级群,且有三次爸爸直接告诉班主任要给孩子办退学,让班主任帮忙办理手续,等他情绪平复了又说不办了。孩子爸爸有家暴妈妈的行为,妈妈有时候情绪失控也会打孩子,有两次孩子来学校都是身上带伤。其次,爸爸经常借着家校联系(比如下班不能及时接孩子,或者一些学习上的问题),给班主任发一些他的工作内容和照片,甚至连续发十几条语音信息,吐槽孩子的妈妈或者家里的事情。有时候孩子在家犯错了或者作业有问题,爸爸还会批评孩子,并拍孩子伤心的视频发给老师看,要老师好好教育,并说打孩子也没关系。班主任比较年轻,刚开始还回复他,后来只回复有关孩子学习的问题,但是这个爸爸依然我行我素,还在班级群里对其他家长说孩子妈妈的坏话。孩子在校表现目前没什么问题,也没有明显的性格缺陷。爸爸虽然对老师的工作比较配合,但以上问题让班主任很难受。校长希望心理老师连同德育主管把家长约到学校好好

聊一聊，他认为这个家庭极其不稳定，怕以后对学生造成重大伤害，学校要防微杜渐。校长要我从专业角度分析该找孩子的爸爸还是妈妈沟通，沟通哪些内容，要我写一个访谈提纲。我现在很疑惑，孩子目前没问题，她的家庭问题我们是不是不应该干预？如果干预了，会不会反而对孩子不好？我实在不知道怎么和校长沟通这个问题。

你好，这个确实是比较复杂的问题，涉及家庭关系、班主任工作边界和心理老师工作职责。

首先，因为涉及家暴，处理这个案例时学校要尽可能争取联动该生所属的地区派出所、妇联社工协同参与工作。从你反馈的情况看，家暴首先涉及孩子人身安全问题，长期如此孩子心理容易诱发问题。《中华人民共和国家庭教育促进法》明确学校有职责指导父母与孩子积极沟通。学校需要咨询法律顾问，在家暴个案中学校需要对该生父母做哪些指导教育。同时，学校要报备该生所属派出所，和妇联社工反馈家暴的家庭情况，争取援助资源支持。

其次，班主任、德育主任、心理老师和法律顾问的联席会议需要明确解决几个问题。①父母需要接受法律顾问的指导和教育。②父母与学校签订该生在家安全监护书。③面对个案中爸爸在班群发舆论行为，学校行政要出面处理，明确学校工作和班主任工作的边界。④心理老师工作的主要职责为初步评估该生心理状况并反馈给家长和学校；工作的主要内容为父母出现冲突或家暴时评估孩子出现害怕、担心、伤心等负面情绪的强度等级和频次，以口头方式反馈给家长。

此外，心理老师需要用专业视角把长期亲子冲突会诱发孩子心理问题的后果明确反馈给父母。家庭干预介入主要是指导家长调适情绪，具体内容为家长有情绪时该怎么自我处理，避免孩子受伤害；父母如何避免在孩子面前发生冲突等。如父母双方经常处于冲突状态，可以提供当地家庭指导热线等相关的心理援助服务给家长。

我的思考与经验

38. 医生可以上门给学生出具诊断并让其休学吗？

适用对象：班主任、心理老师、家长　　**适用场景**：文书工作、辅导室、家庭

安夏 回答

> **匿名 提问**：请问对于闭门不出不肯上学的孩子，医生可以单方面，或是上门给其出具诊断让其休学吗？（学校因为有控辍保学的考虑，所以咨询我）

1. 医疗行为需在医疗机构场合合规进行。根据我了解的实际情况，医生一般不会上门做诊断和治疗，因为医疗行业监管很严，他们必须在医疗机构场所合规合法地执业。如果他们在其他医疗机构坐诊，需要办理多点执业备案登记，否则就是违规行为。

2. 医生可能愿意进校，但基本不可能上门去学生家里。部分地区的学校会付费邀请医生进校提供服务。

3. 可以把孩子送去医疗机构做诊断。但请注意，一定要弄清楚谁有权送孩子去就诊，看看下面这几条《精神卫生法》的相关规定：

第二十六条　精神障碍的诊断、治疗，应当遵循维护患者合法权益、尊重患者人格尊严的原则，保障患者在现有条件下获得良好的精神卫生服务。精神障碍分类、诊断标准和治疗规范，由国务院卫生行政部门组织制定。

第二十七条　精神障碍的诊断应当以精神健康状况为依据。除法律另有规定外，不得违背本人意志进行确定其是否患有精神障碍的医学检查。

第二十八条　除个人自行到医疗机构进行精神障碍诊断外，疑似精神障碍患者的近亲属可以将其送往医疗机构进行精神障碍诊断。对查找不到近亲属的流浪乞讨疑似精神障碍患者，由当地民政等有关部门按照职责分工，帮助送往医疗机构进行精神障碍诊断。疑似精神障碍患者发生伤害自身、危害他人安全的行为，或者有伤害自身、危害他人安全的危险的，其近亲属、所在单位、当地公安机关应当立即采取措施予以制止，并将其送往医疗机构进行精神障碍诊断。医疗机构接到送诊的疑似精神障碍患者，不得拒绝为其作出诊断。

第二十九条　精神障碍的诊断应当由精神科执业医师作出。医疗机构接到依照本法第二十八条第二款规定送诊的疑似精神障碍患者，应当将其留院，立即指派精神科执业医师进行诊断，并及时出具诊断结论。

4. 医生可以根据自己的专业意见提供诊断，但他无法给出是否可以休学的建议，因为这个超出了他的工作范畴。

📝 补充知识点

控辍保学：是"普及九年义务教育"工作提出来的一个概念，意思为控制学生失学、辍学，保证所有适龄儿童、少年入学就读，接受义务教育。

我的思考与经验

39. 学生抗拒接受心理治疗，我应该陪班主任去家访吗？

适用对象：班主任、心理老师、家长　　**适用场景**：家庭

翁卓祺 回答

> **匿名 提问**：班主任反映班里有一个手机成瘾且有自杀倾向的学生，要我陪他一起去家访，学生之前曾抗拒心理医生到家里给他治疗，请问这种情况下我应该陪同去家访吗？心理老师应该参与哪些家访？

心理老师参与家访，可能让你多少感觉有些尴尬，尤其是你提到学生本人抗拒心理医生治疗的情况。想必学生也不愿意在家和心理老师单独面谈，所以我们先预设事件的走向，然后做好准备：

在一同家访前，可以和班主任做个分工。如果家访时学生愿意和心理老师面谈，那当然是最好的；如果学生不愿意，班主任和学生父亲交流的时候，心理老师可以和学生母亲在另一个房间单独交流，了解学生更多信息。然后再进行交换，各自都能和学生父母单独沟通。

在这个过程中，我们可以收集到很多重要的信息，比如学生的家庭教养方式、手机成瘾和自杀的初始时间、重大的应激性事件等；也可以教家长一些沟通小技巧，比如用

多关注感受代替讲道理，和孩子尽量平等对话，收起家中的尖锐刀具，尽量让学生在家时有人陪伴，避免出现突发事件等。

我的思考与经验

---

40. 学生预约了心理咨询却没来，我该怎么办？

适用对象： 心理老师　　　**适用场景：** 辅导室

翁卓祺 回答

> **匿名 提问：** 如果学生预约了心理咨询但没有来，需要咨询班主任他不来的原因，并请班主任督促他来吗？因为不清楚学生是否想让班主任知道自己来咨询，学生是主动寻求咨询的，不知道为何又不来了。而且因为人手有限，学校建立了预咨询制度，用30分钟了解情况，和学生初步建立关系，然后根据轻重缓急安排咨询，不知这样安排是否合适？

根据轻重缓急安排咨询是很好的做法，可以将有限的资源优先用来帮助最需要的学生。由于你的提问内容有限，我整理了以下工作思路供你参考：

既然已经有了预咨询制度，我们可以排除学生属于紧急、危急的情况，所以即使学生不来，我们也无须太过紧张，不一定都要追踪。但如果预咨询制度中显示该学生有紧急、危急的情况，我们就需要采取保密例外的行动，联系班主任了解该学生的情况。

另外，不知在你的预咨询制度中，是否有和学生约定，如果双方有一方需要改时间或取消预约，具体要怎么操作。比如，跟学生沟通：我们至少提前半天告知，如果没来，是否同意联系班主任，等等。如果这些细节做得更到位，我们就可以排除更多不稳定因素，提高工作的效率和质量。

我的思考与经验

第五章

开展心理
主题教学

41. 一堂好的心理课的标准是什么？小学的心理课该怎样上？

适用对象： 心理老师　　**适用场景：** 教室、文书工作

王雅 回答

> **匿名 提问：** 从事心理老师职业以来，有个问题一直让我很困惑：一堂好的心理课是以什么作为标准？比赛的时候有的课明明很"空"，但是评委却说很好，而感觉很好的课却评价不高。请问好课有统一标准吗？小学心理课要怎么上呢？

第一个问题的回复如下。

首先，你有这个困惑很正常。常规课中，我们一般只从学生的角度去看，这节课学生参与度高，学生有收获，教学目标就达到了。而作为比赛课，你需要从学生和评委两个视角去看待。评委的个人偏好是一个必须接受的变数。评委在评课时除了注重课堂效果，设计是否新颖等要素也很重要。评委见多识广，你开展的心理教学活动，他们一看大概就知道你想做什么。如果没有创新，而且这类课程评委已经看了不少，自然不会给高分。当然经典的教学活动也并非不能用，但一定要有创新。另外，评委也会看教学设计。比如你的教学设计并非是你上课的内容，或者所列举的理论并不能支持你的教学设计，评委都是理论比较扎实的专家，对理论部分自然有所期待。当然，在比赛中也有运气成分，比如前面几个老师的课程都评分一般，你的课程相较有些特色，分数自然就高。反之亦然，这是近因效应。

其次，心理课的评价标准因地区、学校、评委等因素而异，因此没有一个统一的标准。但一般来说，一堂好的心理课应该具备以下特点：

（1）教学目标明确。好的心理课应该有明确的教学目标，采用发展性原则，这些目标应该与学生的实际需求和心理发展水平相关，并略高于学生心理的现状。

（2）教学内容与学生实际生活和学习紧密结合。心理课的内容应该与学生实际生活和学习紧密相关，能够帮助学生解决实际问题。

（3）教学方法灵活多样。好的心理课应该采用多种教学方法，如讲解、讨论、案例分析、小组活动等，以适应不同学生的学习风格和需求。

（4）教学过程生动有趣。好的心理课应该注重教学过程的生动有趣，能够引起学

生的共鸣和思考，激发学生的学习兴趣和积极性。

（5）教学效果显著。好的心理课应该能够提高学生的心理素质和自我调节能力。

第二个问题，关于小学心理课的教学方法，以下是一些建议：

（1）以游戏为主。小学阶段的学生对游戏非常感兴趣，因此心理课可以以游戏为主，让学生在轻松愉快的氛围中学习。

（2）以故事为载体。小学生喜欢听故事，心理课可以通过讲述有趣的故事来吸引学生的注意力，同时通过故事情节来理解心理学知识。

（3）以互动为手段。小学生需要更多的互动和交流，心理课可以注重学生的参与和互动，让学生能够积极参与到课堂中来，提高教学效果。

一堂好的心理课应该具备明确的教学目标、丰富的教学内容、灵活多样的教学方法、生动有趣的教学过程以及显著的教学效果等特点。

补充知识点

发展性原则：是指在学校心理健康教育过程中，教育者应把注意力放在发现并挖掘学生的潜能和向上发展的动力上，应该坚持发展取向而不是问题取向。这个原则强调了心理健康教育的目标应该是促进学生的发展，而不是仅仅解决现有的问题。

我的思考与经验

---

42. 学校要求团体辅导课的学生由老师挑选，这种做法妥当吗？

适用对象：心理老师　　**适用场景**：文书工作

谢晓燕 回答

匿名 提问：我刚入职的学校没有设置心理课程，但要求一周上两节团体辅导课，而且让我去各班挑选（或者班主任推荐）学生来上课。请问这样做是否妥当？我该如何挑选学生？挑选多少人？团体辅导与心理健康教育活动课的异同点有哪些？

首先，我想请你思考一下：你自己希望上心理健康教育活动课，还是做团体辅导？选择不同，工作的安排也会不一样。

心理健康教育活动课与团体辅导都是在相关心理学理论的基础上设计和开展的，都注重学生在团体交往中相互观察、学习、体验，从而了解自己、探索自己、提升自己，达到助人和自助的目的。两者的区别在于：心理健康教育活动课的性质是课程，其设置应符合一般课程的要求，如课时长度和固定上课时间；而团体辅导的性质主要是活动，通常围绕一个主题，面对特定的对象，以短期的方式实施，设置相对灵活。例如，根据活动的需要，团体心理辅导的持续时间可以是一个或两个小时。心理健康教育活动课的目标应以教育性、发展性和预防性为主，课程面向班上所有学生，课程主题更侧重于学生成长过程中可能出现的共同话题，如自我认识、学习心理、情绪调节等；而团体心理辅导目标是关注发展、预防和矫正，根据学生的实际需求，找到同类型的学生团体进行活动，通过团体内人际交互作用，互相观察、学习和体验，共同探寻解决问题的途径和方法。

如果你希望上心理健康教育活动课，那么要努力去跟学校申请，争取每周以固定课时的形式来进行。需要留意的是，心理老师的职称评定也与课时相关，一般来说，需要满足的条件之一是小学初中的心理课程为每周8个课时，高中的心理课程为每周5个课时。以相关的国家政策、要求作为依据（最好附上地方配套文件），向学校领导申请课时。如果暂时没办法满足课时量，可以与学校申请每两个班轮流上课，或几个班一起上心理大课，并把这些课折算为课时。

如果接受学校的安排，以团体辅导的方式上课，就尽量将团体辅导课常态化。建议根据学生的实际需要，比如临近期末部分学生出现考试焦虑，或者是人际交往方面受挫等，我们可以从不同的班级和年级招募面临相同问题的学生，组成一个同质小组进行辅导。一般来说，6～12人的规模更适合，因为它不仅有助于"我助人人，人人助我"的团体氛围的形成，而且让老师有能力、有条件关注到团体中的每一个成员。在这样的团体中的学生，可以培养出强烈的安全感和归属感，更愿意也更容易深入地开放和探索自己。

同行补充

闫芳： 从提问中我能感受到这是一位正在努力成长、努力想办法解决困境的老师，值得鼓励。

团体辅导一般选择同质性的成员来参加，6~12人为宜。可以根据学生目前的状态来决定团体辅导主题。因为课时很少，一周只有两节，能参与的学生不多，因此要重点挑选有需要的学生。比如开学时学生普遍焦虑，可以以开学适应为主题开展团体辅导，请班主任推荐班级内比较焦虑的学生或邀请学生自主报名参加。比如以同伴关系为主题，请班主任推荐有同伴关系困扰的学生以及学生的几个同伴一起来参加。但像释放压力、团队凝聚力这样普适性的主题，可以一次邀请20~30人参与。

团体辅导受人数和时间的限制，受众面相对较窄，所以还是要尽量争取面向全体学生开设心理课程。比如说可以利用班会课、体育课做大型团体辅导，也可以利用"国旗下讲话"活动时间或者校园广播、校园电视台等做心理科普，还可以刊发心理小报，让心理知识面向更多的学生。方式有很多，我们要根据学校的实际情况考虑。

秦荣彩（高中专职心理教师、陕西师范大学心理学硕士，曾获省级心理教师基本功大赛一等奖）：我非常认同闫芳老师的回答。心理健康教育活动课面向全体班级、全体学生开展，受众面比较广。在心理健康教育活动课上，以小组为单位开展活动相对更加灵活、便利，生生之间、师生之间互动更多，学生体验更加丰富。

团体辅导活动一般针对同质群体开展，其针对性更强。心理老师可以设计发布海报，通过学校公众号、网站或者心理委员的宣传，由学生自愿报名、经心理老师确认后组建团体。在这个过程中要注意：不可强制学生参加。针对特定主题的团体辅导活动一般包含多次活动，涵盖团体关系的建立、主题活动的实施、团体的结束。团体心理辅导结束后的一定时间内要对学生做跟踪观察，并得到反馈。

冯萌： 我个人觉得如果你选择上团体辅导课，要先锁定辅导目标是什么，这需要前期通过各方问谈、个体辅导了解学生的需求。一般我们是考虑教育、成长、现实、发展的需要来设计课程。例如教育一般包括能力、品质等的培养。招募式团体辅导和班级教学差距还是很大的，最明显的是人数的确定。如果类似于治疗性工作小组，一般10~20人为宜，招募随机组成。你可以形式多样地开展，例如你可以根据实际需要招募几个不同主题的小组，一个月开展8次人际交往的团体辅导，或者认识自我、解压学习心理等主题。中小学治疗性的小组主要有专注力、人际交往等主题。而大型团体辅导包括心理委员的团体培训、教育戏剧课等。班级教学人员一般40~50人，封闭恒定。一学期上课的主题也基本按照纲要要求或教材开展。我个人觉得挑选形式灵活、应变能力强的活动，可能效果会更好，能给心理老师带来成就感。

我的思考与经验

43. 说课比赛该如何准备？

适用对象：心理老师　　　**适用场景**：教室、文书工作

乔翠翠 回答

> **匿名 提问**：想请教各位老师，参加说课比赛前该如何准备？

说课的总体思路是说清楚你所上的课的逻辑："教什么—怎么教—为什么这样教（设计意图）。"从内容上来说：包括说选题、说学情、说目标、说重难点、说设计思路、说课堂评价等。从形式上来说：一定要准备好PPT、教案、教具、影音频资料等。

说课的流程大同小异，我分享一些具体操作上要注意的细节。

不同于教学比赛，说课没有学生在场，无法得到学生的现场反馈，有些环节的设计意图和实施效果也无法很直观地展现。因此需要注意：

（1）教学设计要有理论支持，在说课时尽量言简意赅地阐述。

（2）撰写教案时注意美观，排版、字号、标点符号等都要符合规定，前后一致。

（3）PPT的设计要美观大方，小学课件可以增添小清新元素，每一页字不要太多，言简意赅。

（4）教学设计确定后，最好把说课的逐字稿写出来，多练习几遍。在控制语速适中的前提下，说课总时长比规定时长少十几秒效果最佳。

（5）仪态要端庄大方，配合恰当的手势（手势不宜过多），表情要自然（始终保持微笑不一定就好）。

以上是细节强调，做好了会少量加分，但做不好一定会减分。总结最关键的三点就是：①要把握住课题的真正内涵。②呈现新颖且巧妙的教学设计。③清楚地表达出来。

我的思考与经验

---

44. 如何准备教研会组织的心理课比赛？

适用对象：心理老师　　**适用场景**：文书工作

谢晓燕 回答

> **匿名 提问**：下学期我们教研组会举行心理课比赛，我从来没有参加过心理课比赛，要提前做哪些准备呢？

对于赛课的准备，我觉得可以从以下三个方面进行：一是备主题，即上课的主要内容；二是备素材，即用什么材料来上课；三是备教学设计，即这节课我要怎么上。这种思路是通用的，适用于任何科目的老师。下面我具体说明这三个方面可以如何准备。

1. 备主题。我们可以参考国家、各省市下发的指导文件，如《中小学心理健康教育指导纲要（2012年修订）》（简称《纲要》），这份文件从国家政策方面解读了心理健康的主要内容，详细介绍了从小学低年级、小学中年级、小学高年级到初中年级、高中年级的主要教学内容和教学任务。《纲要》中明确提出从六大心理版块——认识自我、学会学习、人际交往、情绪调适、升学择业、生活和社会适应开展心理健康教育，并且明确了在不同学段侧重于从哪些方面备课，非常具有参考价值。除此之外，还可以参考广东省教育厅2016年颁发的《中小学心理健康教育活动课内容指南》，文件清楚详细地说明了从小学到高中每个学段的教育目标，以及可参考的心理健康教育主题。文件为我们的教学起到指引性作用，从文件提供的主题中，找寻自己感兴趣的或热点主题进行备课，让我们的主题也变得有据可依。

2. 备素材。除了在已出版的心理健康教育教材中选素材之外，我们还可以从微博、抖音、B站、朋友圈甚至是新闻中去获取信息。"拆掉自己思维的围墙",多渠道去找寻创意的素材,这样会让我们的课程设计更新颖,更有趣。比如之前我在设计《观察,观察》这一节课时,开始的情境创设就是从"猜猜我是谁"这个环节开始,选择一个学生常见的动物或卡通人物(如喜羊羊),原图抠图后只留轮廓虚影,让学生猜测这是什么来引入主题,然后再呈现原图结果。

3. 备课程设计。这是重点,一堂课的好坏就在于我们的设计是否合理、流畅,是否有趣、新颖,是否达成教学目标。不同学段学生的特点不同,课程设计取向也就不一样。可根据下表进行参考。

学段	需要/特性	活动设计要点
小学低年级	爱动、模仿力强、想象丰富、专注时间较短、是非分明、注重比较……	趣味活动、肢体语言、流行卡通语言、指令清晰、竞争适可而止、注重欣赏……
小学高年级	精力充沛、自尊心强、爱挑战爱表现、喜欢探索、重视他人评价及输赢、有一定的逻辑思考能力……	活动性强、提供机会表达自我、沟通合作、分析与分享、接纳不同思考方式、肢体接触适当……
初中	创造性强、情绪易起伏、重视朋辈评价、爱表现、独立处事有价值观、逻辑思考有分析力……	活动有趣刺激、发挥创意、增加挑战性、多提供表达空间、留意不同体态对角色的影响……
高中	独立处事有价值观、自我反省、客观分析、重视朋辈评价、表现成熟……	活动预留更多空间选择、给予更多领导决策机会、更具思考分析的挑战、自由分享、客观中立……

——引自《心理课怎么玩》

同行补充

白东(专职心理教师、一级教师、国家二级心理咨询师、达川区心理教育健康协会副理事长):不管是校内的还是校外的,区级或其他级别的,公开课性质还是赛课性质,都需要认真准备,因为在公开的场合,我们如果有较好的成绩,容易为我们在更高级别的赛课规模上去争取到机会。如果自己没有上公开课的经验,也没有看过别人的公开课,建议看一看一师一优课平台上公开课的录播来找找感觉,也不是想象的那么难。

我的思考与经验

---

45. 怎么做才能让心理课的课堂既有秩序又气氛活跃？

适用对象：班主任、心理老师　　**适用场景**：教室、讲座

陈银欢 回答

> **匿名 提问**：我是新入职的小学专职心理老师，上课时低年级同学举手发言非常积极，但场面也很混乱，应该怎么做才能让课堂既有秩序又气氛活跃呢？

课堂管控，不管是对心理老师还是其他科目老师，都是需要首先掌握的必备技能。从提问中看出你期待管好班、上好课，我们可以分两步来完成这些目标，并且明晰你现在能做的。

首先，先管好班。低年级学生常规养成可以多向班主任请教，他们有很多课堂调控的小法宝。比如使用"口令"，当老师说"小眼睛"，让学生回应"看老师"，然后小组评分比赛，比赛获得的小红花可以兑换不同的礼物。

其次，上好课。你的语言要非常简洁明确，一次一个指令，上课先做好常规训练。训练举手发言，训练坐好，训练眼睛看老师……这些都是需要耗费时间来练习的。与此同时，建立奖惩制度。需要注意的是低年级学生专注力不足是他们这个年龄段的特点，一堂课下来，教学任务有可能会被打断好几次才能完成。因此低年级的教学设计目标要尽量小而细，主题可以是行为训练和注意力训练等等。最好老师讲课15分钟，然后带学生做做手指操，再接着上课，保持这样的节奏有利于教学顺利进行。

我的思考与经验

46. 高中班级学生较多，如何调动积极性、上好一堂心理课？

适用对象：心理老师　　**适用场景**：教室

王雅 回答

匿名 提问：我是新入职的高中心理老师，想问问怎样才能上好一堂心理课？班级人数较多，不方便挪动桌椅或者开展团体辅导之类的课程；按照主题讲一些理论方法，学生有时候积极性不高。遇到这种情况我该怎么办？怎样才能找到有趣的知识点从而提高学生的学习积极性呢？

新手老师很想上好课，但要有足够的耐心，教学技能和执教经验都需要我们多花时间积累。我们可以从以下几个方面着手。

1. 了解学生是上好心理课的第一步。新手老师容易把课上成"自嗨课"，我们需要积极与学生建立互动关系，通过观察、交流和反馈，了解他们的兴趣、需求和问题。你只有更好地把握学生的心理状态和需求，才能为他们提供更相关、更有吸引力的教学内容。

2. 不断觉察教学过程是否围绕着目标开展。新手老师容易把课上"跑调"，这就需要我们特别关注上课的课程内容与教学目标的关联。这个可以说是验证你执教经验进步的最好指标。

3. 多学习优秀教师的课。多观察、模仿优秀教师的教学风格是新手老师快速成长的有效途径。这里有两个关键点：第一是要选择优质的内容，不是所有的课都值得看。你可以通过观看省赛、市赛或公众号"心理老师成长联盟"中的一些同主题的课程，学习不同老师的教学技巧和方法，从而找到共性的做法；也可以借鉴不同老师的教学方式和临场处理，形成适合自己的教学风格。第二是要有足够的信息输入。大多数老师其实在信息输入方面过于单一，比如只听心理课的示范课。万法共通，其他学科的优质课同样值得观摩。其他学科的教学可以帮助你对比、了解更多课堂执教经验。

4. 使用更多样化的教学方法。多样化的教学方法是保持学生参与度和兴趣的关键，也是你执教工具箱中的武器。比如结合讲解、讨论、案例分析、小组活动、多媒体资源等等，都可以帮助学生更好地理解和感受课程内容。新手老师还不能灵活运用这些资源，需要不断积累，每个阶段尝试熟练一种教法和技法，日积月累，终会有收获。比如，通过使用相关的故事或案例来帮助学生更好地理解课程内容；通过演示心理学实验，找一些有趣的活动或魔术来吸引学生的注意力，让学生对学习产生更大的兴趣。

5. 积累营造课堂氛围的能力。心理课的关键在于氛围，学生是否积极参与，是一堂好课的前提。新手老师需要重点钻研如何积极营造一个安全、开放和支持性的环境，让学生感到舒适并愿意分享自己的想法和感受，以及如何及时给予学生积极的反馈和鼓励。这有点类似于个体辅导建立信任和安全关系阶段要做的事情。

6. 接受自己的不完美。因为每个老师的个性和经验、特长不同，所以不要苛求别人会的自己都得会。相比把你的"工具箱"塞得满满的，找到自己更擅长的教学方式和教法技法，并能熟练使用这"三板斧"更重要。

我的思考与经验

47. 学生在心理课上写作业，屡禁不止怎么办？

适用对象：心理老师　　适用场景：教室

闫芳 回答

匿名 提问：班级的大部分学生在心理课上写作业，屡禁不止。我也能理解他们学习压力的确很大，但是让所有学生都上自习，对那些想上课的学生又很不公平，他们的权利不应该被其他人剥夺。但强装镇定上"独角戏"，我又觉得很没意思，遇到这种情况我应该怎么做？

能感受到你矛盾心理，我想不少高中学段的音乐、美术、信息技术等学科老师也都有这种感受。演"独角戏"的我们不要不开心，哪怕只有一位学生听进了我们讲的一句话，并对他的人生产生影响，那也是值得的。

但是换个角度想想，每个人的选择都有其背后的心理学意义，学生宁愿写作业也不参与心理课堂，说明在学生心目中写作业比心理课重要多了，是否也说明我们的心理课缺乏吸引力？所以我们要反思问题出在哪里，是课程主题不符合学情，还是活动形式单一？

心理课在主题选择上，必须符合该学段学生的认知发展规律，在主题设置上应层层递进、环环相扣、步步深入。当然，一般心理课程的课时有限，在不能做到面面俱到的情况下，我们应该优先考虑学生的需求及需求的迫切性。因此主题的选择往往伴随着学生的重要生涯节点，并且具有学段及地域差异性。

课前我们可以通过问卷调查，了解学生目前感兴趣的话题、关注的热点问题、喜欢的课堂形式、面临的困难，以及他们对心理课的建议等。这样我们可以更加了解学生的真实想法，在备课时更有针对性地选择主题内容。在课程设计上想办法让学生主动参与课堂，多设置互动类小活动，创设一种安全、开放、平等、尊重、受保护的活动氛围，激发学生全身心地参与和投入活动，分享个人感受或收获。更重要的是，注重引导学生产生认知或情感冲突，唤醒学生认知、情感、行为上的各种体验，让学生能在活动中有明显收获，让心理课堂成为感受—感知—感悟的成长场所。在选择故事或情景的时候，多用他们感兴趣的或身边的案例。

学生能真正在心理课上获益了，慢慢地就会觉得心理课有用且有趣，就会主动参与。当然，这个转变任重而道远，不要心急。

同行补充

李宁： 要提高团体的凝聚力。首先考虑主题是不是学生感兴趣的话题；其次心理课上的活动对学生是否有吸引力，你提出的问题有没有一定的挑战性；最后要考虑老师的表情、说话的方式对学生有没有吸引力。

这几点如果都做到，想让学生在心理课上写作业都难。你可以尝试进一步丰富课堂形式，用视频、游戏、小组讨论、角色扮演等形式组织教学内容，最大限度地提升课堂的趣味性和参与感。

虽然不知道你教的学生是哪个年级的，但我认为他们对课堂上该有的基本规则应该很熟悉。先跟学生一起来制订心理课的课堂规则，包括：我们可以建立怎样的奖惩制度、是否可以在课堂上写作业等问题，并和他们一起平等地讨论这些问题。如果学生觉得可以建立，就继续询问为什么可以。当然也会有学生觉得不可以，那么不可以的原因又是什么。

心理老师可以与学生用投票的方式来决定一些事情，比起只有老师一人来制订课堂规则，请学生一起参与会更加有效、有益。老师尝试直接说明规则，引导学生一起合作，彼此做好准备，再一起开始进入心理课的体验。当我第一次在课堂上认真沉稳地说："同学们，大家好，今天是……我是……现在请大家把和心理课无关的作业收起来……我相信同学们愿意用上心理课的时间来完成作业都是因为想要变得更优秀；但其实优秀的学生非常重要的品质就是专注，当我讲课时你也没办法专注写作业。在课堂上专注是你投入课堂、有所收获、走向优秀的唯一门槛。"这就是在一开始上课就要建立规则的做法，当然，这种做法只能影响一半左右的学生，剩下的就要继续引导或在教学的过程中吸引。

李南（高中专职心理教师、硕士、国家二级心理咨询师、山东省心理健康教育先进个人）：1. 制订课前约定。我一般上课之前会与学生约定好课堂规则，请他们尊重我的课堂秩序，比如不准做其他科的作业。让学生知道心理老师的底线是什么，规则是什么，并用自身的人格魅力吸引学生的关注。

2. 寻找背后原因。可以利用一堂课的时间对学生进行调查、访谈，也可以利用辩论的形式让学生积极参与讨论：在心理课上写作业的利与弊，切实回到学生自身，看看学生是怎么看待这一现象的。

3. 备好心理课。一堂好的心理活动课，除了辅导目标抓得准，重难点突出之外，还有一个非常重要的部分就是设计环节的"心理味"，要上得有温度、有深度。这是心理课的魅力所在，也是吸引学生的地方，让学生可以不由自主地进入课堂中去。这就需要心理老师有雄厚的功底，确定选题时要找寻学生的兴趣点，紧随时代的热点，符合学生成长的需求；设计的内容和环节，要遵循学生的年龄特点，努力构思有意义的体验互动式的教学活动，引导学生思考和交流。

我的思考与经验

48. 在心理课上，老师如何处理因分组选队长产生的分歧？

适用对象：心理老师、班主任　　**适用场景**：教室

谢晓燕 回答

> **匿名 提问**：我让六年级某班同学组成了不同的团队，请他们自己推选队长。有一个团队有两个小组，分别由三个女生和四个男生组成，在推选队长时产生了很大分歧，最后用石头剪刀布的方法选出了一名男生，但是女生小组对这个结果不满意，觉得他当不好，并消极参加活动。我不知道该如何处理这件事情，想问问大家的意见。

你提的这个问题属于课堂管理范畴，不限于心理课堂，其他学科老师都面临过同样的问题。

首先，确定问题的本质。学生因为选队长产生矛盾，继而选择消极参与课堂活动，这属于课堂人际关系管理的问题。我们可以运用沟通技能，引导学生分析问题的性质和后果，让他们尝试自己解决问题。

其次，在课堂中，由学生之间产生的问题，我会建议回归到学生本身，让他们自己去想办法处理。很明显，这个负面情绪是在课堂上生成的，那就回归到课堂中让这团队来想办法，这是核心的策略。比如，你可以问他们"队长该如何选"，甚至可以请其他组来介绍他们是如何选队长的。而针对学生不认可选好的队长，我会告诉学生，队长是他们用团队认可的规则选出来的，那么大家要遵守规则。在下一次上课前，先强调每个小组选队长时按成员同意的方式来选举，成员也要遵守相应规则，规矩先讲好，学生较容易认可。如果队中的女生因这个情况严重影响情绪，下课时可以与她们单独聊聊，当规则与期望相违背时我们如何能处理得更好。

最后，教师与学生之间进行和谐沟通时应做到：表达"明智的"信息、接受感情宣泄而不是否决、引导合作、理智地表达愤怒。这种方式称为"基诺特模式"，又称"明智信息模式"。

✏️ 补充知识点

课堂管理有三种取向：行为主义取向、人本主义取向和教师效能取向。

典型的人本主义取向的课堂管理模式有格拉塞模式和基诺特模式。基诺特模式又称明智信息模式，这种课堂管理的核心概念是强调教师用明智的方式和学生进行和谐沟通。基诺特认为，纪律是一点点形成的。在纪律形成的过程中教师应该以身作则；在和有行为问题的学生进行沟通时，应当做到设身处地地从对方的角度考虑。另外要相信学生的自控能力，并鼓励学生进行自我管理。教师与学生之间进行和谐沟通时应做到：表达"明智的"信息、接受感情宣泄而不是否决、避免贴标签、谨慎使用表扬、引导合作、理智地表达愤怒。

我的思考与经验

---

49. 为什么学生在心理课小组讨论时非常热烈，却不愿个人分享？

适用对象：心理老师、班主任　　**适用场景**：教室

谢晓燕 回答

> **匿名 提问**：本人是一名刚入职的心理老师，心理课上话题呈现的时候，同学们会非常好奇、兴奋地在下面讨论，站在台上的我听不清楚他们在说些什么，可让他们个人做分享的时候学生却不说话了。遇到这种情况我该怎么办？

这是所有老师都会面临的一个问题。学生在课堂上不愿意分享，有可能只是没有找到合适的方式去表达。当老师呈现的话题能引起学生热烈的讨论，意味着这个话题是学生喜欢和能接受的。

有关学生不愿意当众分享的情况，我有几个小建议。

第一，当学生讨论时，你可以走到他们中间去听听他们在说什么；也可以选择一两个学生和他们一起讨论，然后询问：待会请你来分享好吗？一般情况下，学生如果有想法是不会拒绝的。当结束小组讨论后，因为已经提前打过招呼，单独邀请他们上来分享

就不会显得突兀，也可以起到很好的带动作用。一两个学生分享后，有其他想法的学生可能也会跟着来分享，这就很好地打破了无人分享的局面。

第二，老师可以自我暴露，先表达自己的看法，然后再邀请其他同学来分享。如果还是没人举手，可以试试点名分享。比如跟同学们说："今天，我们换个方式邀请同学来分享，来个盲抽分享吧！"然后随意翻到一本书的某一页，读出页码，邀请学号与页码相同的同学来进行分享；或者查看上课日期，邀请与之相关的号数；或者将这个日期通过加2、乘2之类的方式获取一个学号，通过这种比较轻松的方式邀请同学分享，会减少他们的排斥。

第三种方法是选代表。如果学生不愿意当众分享，就让他们进行小组讨论，然后请每个小组推选一名或两名代表来分享他们小组的讨论结果。有时候学生不愿意当众分享，可能是因为不好意思，如果代表小组，再加上还有另一个同学陪伴，他们分享的意愿会提升。跳过分享也是一种做法，有时候真的很少有学生愿意分享，我也会尊重他们。我会传递给他们这样的信号：你有权利选择分享或者不分享自己的想法，无论怎样，我都尊重你们的选择。如果没有同学分享，我们就继续探索下一个环节。

我的思考与经验

50．初二学生在心理课上的分享意愿很低，让我很受挫，再有类似情况该怎么办？

适用对象：班主任、心理老师　　**适用场景**：教室

乔翠翠 回答

匿名 提问：我特别想请教关于心理课同学们不想分享的问题。初一上心理课时同学们还比较喜欢举手回答问题，但是到了初二，举手的频率明显降低，偶尔有同学举手也是想引起其他同学关注。今天我上了一节自我主题的心理课，提到自画像分享，点了

班上很多同学的名字,他们都不配合。心理委员竟然也拒绝,直接告诉我她撕掉了。这种情况让我感到很受挫,不知道再碰到类似情况该怎么办。

这种现象在初二学生中会比较普遍,跟他们的心理发展阶段相关。初中生有时会表现得比较欠考虑、莽撞、爱表现自己,但有时又会出于"假想观众"或经验缺乏等原因表现得很怯懦、扭扭捏捏,这种现象在初二学生中会更为明显。同时,初中生的同伴影响也很明显,通常情况下如果有几位学生表现出对课堂内容不感兴趣或不愿意回答,其他同学都会模仿。所以一般开年级讲座时我会避免提问平常就很扭捏的同学,以免影响整个会场的氛围。

针对课堂上不愿意分享的情况,我常用的方法是:

1. 回答问题可加分,主动分享加2分,点名后认真分享的加1分。
2. 先小组内分享,然后小组推选代表分享。
3. 随机点学号。
4. 老师指定一人分享后,此同学邀请第二位同学,第二位再邀请第三位……
5. 如果需要用纸、笔答题,我会在他们完成的过程中选择一些同学的答案,并让他们把名字写在背面,然后拿到台前投影,其他同学也不知具体是哪位同学的回答。展示完后,我再问还有哪位同学愿意分享。
6. 涉及自我概念的主题,有时我会率先分享,适当地自我暴露,让学生放下顾虑。心理委员带头拒绝,还说撕掉了,换作是我也会生气,感觉挫败。但在课堂上我们要稳住情绪,询问她:"是对画工不满意吗?还是不愿意展现这样的自我形象?"确定她撕掉作品的原因,同时传递"老师更关注你本人和你的内心感受"的信息。最后告诉她:"本次不愿意分享也没关系,等你想的时候,可以主动告诉我。"接下来将注意力转移到其他学生身上。

补充知识点

青春期的心理发展特点(关于自我的部分):

1. 情绪上抵触成年人的意见,精神上渴望成年人的理解和支持。
2. 对外界不信任、不满意、不愿表达,又感到孤单寂寞,希望别人关心,对朋友推心置腹、毫无保留。

3. 莽撞、冒失（因为想得少、懂得少），在公共场合局促、怯懦（因为缺乏经验、假想观众）。

4. 会因为一两次的经验就沾沾自喜，或把自己贬得一文不值。

5. 希望自己已经是一个完完全全的大人，又怀念童年的无忧无虑。

我的思考与经验

51. 五六年级心理课纪律混乱，如何判断目标是否达成？

适用对象：心理老师　　　**适用场景**：教室

洪洁州 回答

匿名 提问：①学生（小学五六年级）上课时看到老师准备的课件或者话题后议论纷纷，课堂纪律混乱，这能说明话题很成功吗？②需要学生进行操作——如绘图或者写清单时，他们并不是很愿意做，那这一堂课的目标达成了吗？③如何衡量一堂心理课是否成功呢？

第一个问题，要看议论和话题的关联性。如果他们讨论话题时很激烈，且与教学主题相关，可以忽略课堂纪律。这时老师可以对这个主题提一些难度较低的关联问题，请学生用"是或否"来回答，这样可以将焦点重聚。如果有的学生过于跳脱，老师可以靠近他身边，用肢体碰触的方式暗示他平静下来注意听你的提问。但如果学生的讨论是无关主题的，那就是纪律失控的问题了。

第二个问题，学生不愿意做，有可能是你的操作内容过难；或者因为害羞，不愿在其他人面前自我暴露；又或是学生不喜欢这节课。如果是因为操作太难，要降低难度或者提示学生，绘画、绘图时并不要求大家画得多么好，而是重在这个过程中的自我感受。如果是因为害羞不愿意自我暴露，可以采用匿名填写，或者用评价他人、指代他人来评价自己等方式来代替。如果是因为学生不喜欢，那意味着这节课很难再进行下去了。

第三个问题，如何评价一堂心理课是否成功？答案见仁见智。我个人觉得对于老师而言，学生有收获、老师上课有成就感，就是最大的成功了。如果是公开课或竞赛课，就需要根据评课标准和评委喜好来评判是否成功了。

我的思考与经验

52. 学生觉得心理课无聊，我该如何改善？

适用对象：心理老师　　适用场景：教室

林红丽 回答

> 匿名 提问：初一班级上心理课时特别吵闹，几乎到了无视老师存在的地步。我也收集了学生对心理课的意见，大部分同学觉得上课太吵，建议我"凶"一点（但是我"凶"不起来怎么办）；还有的同学觉得心理课太无聊、没什么用，不想听。对于这种情况我感到心累，不知道该怎么上课了。

理论上来说，相对于初二初三，初一的心理课课堂纪律是比较好掌控的。你用问卷形式了解孩子对于课堂的看法和要求，做得很棒。维护课堂纪律不一定是靠"凶"，课堂本身的魅力和课堂管理设置等等都很重要。

首先，设置课堂纪律。新学期第一节课，我除了介绍心理课，更重要的是课堂纪律建设。

我制作了学校心理课的"通关指南"，介绍课堂要求和小组考核细则，对个人课堂表现和小组课堂表现进行积分制，每半个学期进行表扬，效果还是很好的。特别是小组积分制，对于初中生来说，有时候小组积分比个人积分更具作用。学生会因此约束自己的行为，尽力不使小组失分，同时会积极参加各项活动，为小组加分。在实施过程中，分组形式可以有效地管理课堂。分组形式第一次采用抽不同形状的便签纸进行分组，但由于人数太多，现场耗时较多，后来改为根据教室位置、按照座位来分组。且不管教室位置怎么变，心理课的位置都固定，同时各班级确定"积分BOSS"，负责登记各组分数。

向孩子们介绍学习要求，每节课有作业，有打分，期末有测试，同时制订课堂安静的约定。上课时如果有些孩子讲话，可以走近他身边，给他提示。提前说明要求或者"戴高帽"都是很有用的方法。这星期我们团体辅导教室的音响设备出现问题，播放声音很小，在第一个班级上课时因为听不清内容，孩子们总在小声议论。到第二个班级上课时，我提前说明："这次看视频我们会有两个挑战。不仅考验我们班同学看视频获取信息的能力，同时也考验同学们安静观看视频的修养。因为音响的问题，视频声音较小，上一个班的同学都听得很认真，相信我们班同学会做得更好。"结果在观看的过程中，同学们都很安静，而且他们还把视频中的九个信息点都记住了。

其次，课堂本身的魅力也很重要。你要认真备好每一次课，用课堂本身的魅力来吸引学生，让他们看到我们对课堂的投入。我们还可以多听其他老师的课，可以是不同学科的，关注他们的课程设计和课堂架构，从中获得启发和灵感。

最后是接纳自己。心理课不同于其他主课，因为我们任教班级多，课程结束后不需要考试等各种原因，学生对心理课没那么重视，这需要我们一步一步引导，慢慢来。接纳自己的状态，只要能不断进步就好。

我的思考与经验

53. 高二同学影射心理课是在"喝毒鸡汤",新手老师应该如何设计课程?

适用对象: 心理老师　　　**适用场景:** 教室

闫芳 回答

匿名 提问: 我想和大家交流一些关于心理课的想法。我是一名新入职的高中心理老师,由于学校没排课,平时只有受班主任邀请后偶尔去上班会课。我发现最近在给高二学生上的一堂课中,同学们积极性不高,有个同学甚至在发言时影射上我的课是在"喝毒鸡汤"(当时的情境下,他表达的是负面意思)。那堂课按照班主任的要求,主题为"奋斗青春、班级团结"。或许是我课程设计有问题,也可能是我表达的问题,还是因为我的课程内容不太贴近学生生活,所以大家积极性不高,甚至觉得是在浪费时间呢?我该从哪些方面着手解决呢?

我相信很多心理老师,包括我,也都有过类似的经历和感受。我能理解此时心理老师内心的无措和迷茫。我也曾经发现学生课堂参与度不高,了解之后才知道,高中生觉得我讲的内容太过浅显,有些活动和内容在初中已经接触过。其实这是新手老师普遍会面临的问题,不要灰心丧气。

我觉得出现这种情况也是对我们的一个提醒,说明我们对学生了解不够,毕竟我们平时很难每天接触到学生,也不知道他们有过怎样的学习经历。但是我们可以在上课前用其他方式多了解学生和他们的需求。比如可以询问和他们朝夕相处的班主任与其他任课教师,也可以在课前发个简单的小问卷,或者访谈几个学生。然后根据学生的特点和他们的需求进行备课。只有当学生觉得心理课有用且有趣时,才会主动参与到课堂中来。

另外,以"奋斗青春、班级团结"为主题的心理班会课很容易上成说教班会课,容易引起学生的抵触。我们可以从更小的点切入,用丰富的形式做成一节活动体验课,让学生在参与活动时感受、感知、感悟,有主动的收获与心灵的成长。

不要气馁,慢慢了解学生,慢慢找到他们感兴趣的方式,针对他们感兴趣的内容来设置主题,这点最重要。

同行补充

秦荣彩（高中专职心理教师、陕西师范大学心理学硕士研究生，曾获省级心理教师基本功大赛一等奖）：设计心理健康课需要了解学生的心理特点。这个"特点"有别于我们在教材上看到的条条框框，而是拥有者更加具体、鲜活的状态，这样才能"小而精"地聚焦到一个切实的主题上。比如"奋斗青春、班级团结"，涉及"奋斗""团结"两个主题，这在一堂课内是难以完成的。这个主题更倾向于德育大框架下的理想信念教育，偏离了心理健康课的特点。所以在设计心理健康课之前，与学生进行交流，了解他们的生活实际和心理需求，了解他们的困惑与期盼，有助于更好地进行课程设计。

当学生说"这是毒鸡汤"时，希望你能保持镇定。心理健康课鼓励学生进行体验与反思，鼓励他们表达感受和观点。如果你能鼓励学生对自己的观点进行阐释，肯定学生当众反驳的勇气，肯定其勇于表达个性，然后再有针对性地进行适度引导，也许这位同学和其他同学都会认识到，心理老师是与其他老师不一样的，心理健康课也慢慢会成为他们喜欢和需要的一门课。

我的思考与经验

54. 学校领导让我开展一场防校园欺凌的心理健康教育主题活动，我应该如何着手？

适用对象：心理老师　　**适用场景**：讲座、文书工作

鲁洁 回答

匿名 提问：我是一名初中新老师，今天领导突然让我开展一场防校园欺凌的心理健康教育主题活动。我们学校的情况是这样的，学生总数大约有1200人，只有我一个心理老师。领导说要我来设计活动，他们配合，但我有些不确定该从哪里开始。我想请您给我一些具体的建议和步骤，让我能够顺利地开展这个活动。例如，我应该如何制订

活动计划？我应该邀请哪些人来进行讲座？我应该如何进行宣传？如何了解活动的效果呢？

一场活动可以做得很大，也可以做得很小。但从你的问题中，我看到了领导的配合和支持，那么作为学校的心理老师，在撰写活动方案的时候，可以尽可能地写全，具体活动内容的多少最后再由领导定夺。一般撰写活动方案，可以从以下几步开展。

第一步：想清楚活动的目的或目标。比如提高学生对校园欺凌的认识，使学生了解校园欺凌的危害性，学会如何预防和应对校园欺凌行为，提高学生的心理健康水平。

第二步：确定本次活动的主题。如《构建和谐校园，远离/拒绝校园欺凌，提高心灵防线》，活动的主题关系着我们整个活动的形式和内容。

第三步：写出活动中针对的对象。本次活动是只针对学生还是包括老师，还是师生家长都涉及，不同的活动对象，在开展活动时是有区别的，哪怕同样的讲座主题，也会有所不同。

第四步：开展活动的具体形式和内容，以及该活动涉及的人。在这一步中，常见的开展形式有下面几种。

（1）专题讲座。

比如可以邀请当地的警察（或学校的法治副校长）进校园，为全校开展专题讲座，普及校园欺凌的相关知识。

（2）课程防欺凌：心理课＋班会课形式。

心理老师以小切入口设计防校园欺凌的系列课程，因为只有一位心理老师，看贵校是否是全校开课，若是，则在每个班级将系列课程上完。若不是，可以以菜单课程的形式，由班主任根据班级的实际情况，在心理老师这个预约课程及时间为该班授课。

每班班主任在防校园欺凌的大主题下，开展主题班会课。

（3）国旗下教育活动。

可以设计一场该主题的国旗下教育活动，可以由当周班级自行承担活动设计；也可由学校邀请法律顾问来提供一场关于校园欺凌庭审案例，由学生据此进行模拟法庭的情景剧表演。情景剧表演完后，由律师/安全副校长进行总结，对学生进行普法及赋能教育。

（4）校园文化浸润。

将防校园欺凌的主题浸润在学校文化中。如各班级开展防校园欺凌的主题绘画或者手抄报等活动，张贴在班级文化墙等位置。如校园里摆放关于该主题的宣传展板，利用校园广播进行知识宣传，在学校微信公众号上发布防欺凌相关的普及文章。

（5）做好宣传。

学校做了这么多事，可以收集整理，通过校园微信公众号平台，或者其他通信平台对该活动进行报道。

（6）总结评估。

活动完后，我们可以设计简单的问卷调查或者访谈的形式，了解活动的效果。同时对活动做好总结，以便未来开展。

第六章

开展个体心理辅导

55. 心理咨询和心理辅导的区别是什么？初中生开展个别心理咨询还是心理辅导更合适？

适用对象： 心理老师　　**适用场景：** 辅导室

鲁洁 回答

匿名 提问： 心理咨询和心理辅导的区别是什么？对于初中生心理健康教育来说，是开展个别心理咨询还是心理辅导更合适？

心理咨询和心理辅导是两种不同的心理服务模式，在学校的实际工作中，我们常常混用二者的表述。但个人认为，从专业角度来分析，两者还是有以下不同。

1. 定位不同：职业上有"心理咨询师"称谓，没有"心理辅导师"。心理咨询可以看成是一种职业，有严格的准入条件，在行业内有清晰的权责边界、劳动报酬和严格的伦理要求。心理辅导则是一项技能，旨在日常工作、生活中更好地助人助己。而心理老师是在学校开展心理辅导工作的教师，但心理老师的工作内容不止心理辅导一项。

2. 设置不同：心理咨询往往对时间和地点有相对严格的设置，比如个体咨询需要在一个封闭、安静的房间内开展，一次咨询通常持续50分钟左右，有相对固定的咨询频率。而心理辅导则较灵活，可以将心理辅导技巧融入日常生活中，不太受时间和地点的限制。

3. 对象不同：心理咨询的对象是主动求助并且付费的来访者，而心理辅导的对象是有心理困扰或一般心理问题的学生。有的学生是被班主任推荐过来做心理辅导的。

4. 目标不同：心理咨询的目标通常更加深远，通过解决问题，逐步引导来访者改变思维模式、调整人际关系、塑造健全人格等。心理辅导更聚焦当下，旨在陪伴当事人缓解或疏通当前情绪，增强察觉，解决当下或以后的同类问题。

我认为针对初中生群体，开展心理辅导会更合适。一是因为心理辅导是心理老师的专职工作，不另外收费。二是因为学生身份的特殊性。我们希望学生能健康成长，就会更多地进行家校沟通、班主任沟通等，因此不能严格做到界限清晰。三是心理辅导的方式、方法更灵活，既可以是一对一的形式，也可以是一对多，让更多的学生受益。四是心理辅导更注重引导和启发，能够帮助学生自我认知和自我调节，更有利于他们的长期发展。当然，具体是用心理咨询还是心理辅导，可根据自己遇到的实际情况来决定。

我的思考与经验

56．有哪些个体心理辅导的心得可以传授给新入职的心理教师？

适用对象： 心理老师、班主任　　**适用场景：** 文书工作

李宁 回答

> **匿名 提问：** 您在个体辅导方面有什么心得可以传授给新入职的心理教师？

以下心得都是日常工作中非常有用的经验：

1. 《保密协议》很重要。做心理辅导时一定要跟来访者（无论是学生、家长还是老师）签订《保密协议》。后续如遇到危机个案，打破保密原则的过程会进行得更顺利一些，特别是遇到抑郁、自残自伤的个案，一定要打破保密原则，及时启动危机预警及转介机制，及时联络监护人。这份《保密协议》就是你履责的关键证据，避免出现因辅导后发生危机事件而被追责的风险。

2. 咨访关系很重要。心理老师和学生的咨访关系对心理辅导效果至关重要，因为它涉及保密、信任、专业性、责任感以及避免负面行为等多个方面。这些因素共同作用，决定了心理辅导的成功与否。

这种信任关系是心理辅导成功的关键，因为只有在信任的基础上，学生才会愿意打开心扉，真诚地表达自己的内心世界。除了咨询技能外，新手心理老师还要学会如何通过共情、倾听等方式与学生建立信任关系。

3. 辅导记录很重要。刚入职时，很容易在心理辅导过程中卷入情感。详细地记录辅导过程，记录好为下一次辅导预先做的努力（比如查文献、与同辈讨论、危机预警转介等等），并认真实施。这个过程可以帮心理老师做到"事来而心始现，事去而心随空"。

4. 接纳自己的局限，也是一种自我成长。认识到自己的局限，划定好界限。遇到需要转介的来访者，坦陈自己的感受和局限。及时转介可以保护好自己，也可以保护好

来访者。

5. 及时整合资源，求助督导。整合资源，做好心理健康宣传，特别是通过自助方法宣传，请老师们特别是班主任和导师充分了解学生的情绪状况，及时疏导，必要时求助心理老师。另外，提前了解社会上的心理热线资源、学校附近的精神卫生医院，必要时提供给来访者或家长。学生就医需要有监护人陪同，切记。

最后，如果有条件，及时请督导，学习更多的辅导经验，获得成长。如果条件不允许，不知道完美主义如何自我修正，焦虑情绪如何调整等，可以找一些相关主题的学术文献和专业书籍来参考，如《拥抱你的焦虑情绪（原书第2版）》《重新认识焦虑》《焦虑症与恐惧症手册（原书第6版）》等。"心理老师成长联盟"公众号有个案处置朋辈辅导小组和一对一的督导，适合条件欠缺的老师选择。

希望我的回答能帮助到更多的新手老师，在助人自助的路上走得更加安心、从容。

同行补充

马*欣：谢谢老师详细、贴心的建议。您说到的其中一点给了我启发，就是咨询关系可以给来访者很多帮助，我们应该相信咨询本身的力量，而不要被所谓的技术、流派牵制住，去否定自己。当然，这些内容也是需要学习的。希望能够慢慢摸索出适合自己和孩子们的咨询模式。

我的思考与经验

---

57. 刚入职的老师如何提高校园咨询技能以助于个人成长？

适用对象：心理老师　　**适用场景**：辅导室

黄珊珊 回答

中学专职心理教师、硕士、国家二级心理咨询师、中山市优秀教师，曾获广东省第三届中小学心理教师专业能力大赛一等奖。

匿名 提问： 我是一名刚入职的心理老师，虽然学的是心理学专业，但是在学校学习到的内容有限，而且也没有什么经验。从哪些方面可以提高校园咨询技能，并有助于日后成长呢？

在你简短的提问中感受到你的上进心，同时也感受到些许焦虑，我从以下几个方面谈谈我的意见：

1. 学生时代学习的内容与工作后的实践有不小差距。入职后会经历一段时间的迷茫、不适应，这属于职业生涯的必经阶段。我们既然有所觉察，就要主动从心态、认知、行为层面进行调整。

2. 心理老师在学校除了专职心理健康教育外，还可能在团委、德育处任职。不论你想走哪一条路，都需要前期的各种积淀和准备。你要把课上好、受同事和学生喜爱、专业素质过硬等等，这些需要3~5年的积淀。一般来说，3年和5年也是工作后职业生涯的转折点。所以我也很认同你想要提升自己的专业技能的想法。

3. 学校心理老师的具体工作其实挺繁杂的，新入职的老师可能杂事更多，但我们还是要有自己的聚焦方向。根据我自己的经历，建议你做好心理课、心理辅导、班主任心理培训、阶段性心理筛查或调查等方面的工作。如果你所在的学校没有开设心理课，可以尝试自己找课上。学校心理辅导的成效很多时候并不取决于具体的咨询技术，而是你对学生的共情，对学情的了解等，所以建议和学生、班主任多直接沟通，让他们认识你、信任你。关于心理辅导技术，可以趁你尚没有家庭负担时多学习，尤其是叙事疗法等后现代技术。

4. 至于学习的渠道，也是非常多的。我自己比较常用的方法是：在中国知网上下载相关文献，了解他人研究成果；与区域内同行交流探讨；上网上大咖的课程，浏览"心理老师成长联盟"公众号等。我觉得最有效的是"写"，把你的困惑、想法、做法、反思通过文字记录下来，并且坚持记录，能使你更为快速地成长。

同行补充

王雅： 作为一名心理老师，我认为最重要的是要树立终身学习的理念。尽管我们已经在学校学到了很多心理学知识，但我们面对的是不同的个体，因此我们需要不断学习以增强自己的能力。这种学习的目的是不断进步，从而更好地胜任工作。在这个过程中,我们自身也会得到一些提升。

当然,如果你希望自己在职称或职务上有所发展,那么你需要了解你所就职的学校对于职称和职级的要求,并培养自己相应的能力。

我的思考与经验

58. 心理老师一般如何应对抑郁症、自残、因学习压力大想跳楼等危机情况?

适用对象: 心理老师   **适用场景:** 辅导室

陈银欢 回答

> **匿名 提问:** 请问在应对出现抑郁症、自残、因学习压力大想跳楼等心理危机时,心理老师一般采取怎样的工作步骤?

应对抑郁症、自残、因学习压力大诱发的跳楼事件等属于心理危机干预工作。根据心理预警对象和信号分为三级预警。根据学生出现不同的心理危机信号,分级发布预警,提供有针对性的心理支持与干预。

1. 一般处理步骤。评估—转介(或心理辅导)—跟踪。心理老师面对抑郁症、自残和跳楼等事件时需评估这类学生是否属于高风险人群,澄清事件发生的真实情况。评估是否超出了心理辅导范围,通过心理状况检测把有心理障碍和自杀倾向的学生录入学生心理危机预警库,作为心理危机预警对象进行重点预防和监护。对有严重心理疾病的学生,需要识别和转介到相关心理诊治部门,并做好转介过程记录,建立心理档案,做好跟踪工作。

2. 具体处理步骤。学校主管部门、班主任和心理老师共同参与,不对当事人造成二次伤害,整合可利用的资源,多层次支持。此外,学校为学生提供心理危机求助热线电话,设立班级心理委员,建立学生心理健康汇报制度。对特定学生进行有针对性的团体辅导，帮助特定学生掌握一定的心理技能，调整认知，学会自我控制情绪。对学生出现的心理极端事件（跳楼等）启动心理危机方案，组织校内心理危机干预小组和校外心理危机支持团队协同处理。

3. 操作注意事项。①家校沟通，学生行为背后可能隐藏着家庭的深层问题，给高风险学生做心理辅导需与家长保持密切联系，争取家庭的支持。②心理老师的工作是学校德育体系的一部分，心理老师需联系德育部门相关领导，成立辅导小组，做好辅导过程记录，共同承担学生的辅导风险。另外心理辅导老师后续也需要寻求心理督导支持。③进行必要的自我照料，降低因辅导这类学生可能带来的自我消耗。

我的思考与经验

59. 大多学生的心理问题都源于家庭，在很难与家长沟通的情况下，该如何辅导学生？

适用对象：心理老师　　**适用场景**：教室、辅导室

乔翠翠 回答

匿名 提问：我是新入职的初中心理老师，在给学生做辅导的过程中发现大多数学生的问题来自于家庭，比如不恰当的教育方式、偏心、专制等，但我很难去和家长沟通这些问题，这种情况下该如何辅导学生呢？

学生的心理问题，大多数跟家庭脱不开关系。我们很难改变学生，也几乎不太可能改变家长。

对于有家庭问题的学生，我和同事一般都会在学校允许的情况下，给予无条件的关注、倾听和积极回应，让学生的情绪得到一定程度的宣泄和抚慰。

在讨论具体事件时，我们会引导学生思考自己的期待和信念，学会调节自己的不合理信念，并讨论"在你无力改变家庭的情况下，如何让自己感到更舒适一些"。要做到

这点也需要较长时间，中小学生受家庭影响很深，问题经常反复出现。心理老师对辅导效果不要期望太高。

关于技术流派，使用你擅长/喜欢的流派就好。我个人比较喜欢认知疗法，因为未成年人身心发育的特点与认知疗法自带的"教育、引导"特色很适配。系统疗法对家庭原因导致的心理问题很有效，但是理想与现实的差距较大，对家长的抵触心理要有思想准备。

同行补充

阿*老师： 我在实际工作中发现，有些学生会站在自己的角度评判父母的行为，而父母并不认可孩子的看法。我们首先要对主动前往求助的学生做好疏导工作，判断学生的问题是否来自家庭，如果确实因为家庭原因给学生造成心理危机，在与学生初步建立信任关系后，需要联合班主任、行政主管正式约谈家长，并书面提醒家长改善家庭教育模式。

我的思考与经验

60. 咨询时心理老师应该怎么做记录，既避免学生不舒服又不遗漏重点？

适用对象： 心理老师　　**适用场景：** 辅导室、文书工作

乔翠翠 回答

> **匿名 提问：** 心理老师在辅导学生时应该怎样做记录？边咨询边记录会不会让学生感觉不舒服？不记录又怕遗漏重点。

我在原北京军区总医院（陆军总医院）心理科见习时，带我的老师是边咨询边记录。我在北师大心理辅导中心工作时，咨询师也是边咨询边记录。后来我做了中学心理老师，发现"记录"这个行为对学生的影响非常大。

为什么医院的心理医生和大学心理咨询中心的咨询师可以边咨询边记录呢？我后来看过一些医生的记录，写的都是关键词，比如来访者哭诉："我很后悔没有早一点分手，之前明明有很多人提醒我说他这个人非常不专一，但我偏偏听不进去，还跟劝我的朋友吵架，差点闹到绝交，我为什么这么蠢啊！"医院的心理医生会记录"自责、后悔"。这样的记录确实不太费时间，但对于经验较少的咨询师可能会遗漏信息。

我们面对的是中小学生，学生来咨询前需要向班主任请假并说明"要去找心理老师"。双重关系、保密问题，都会让学生不安，一些学生会因此拒绝寻求心理老师的帮助。根据我接待学生咨询的经验，在咨询过程中，如果我主动提到班主任、做记录等，学生都会有明显的阻抗（表情、语言）。所以我教师生涯中给学生的前两次咨询时，都只记录了初始阶段的零碎信息，如果我全程记录，这个咨询就没法儿正常进行了，40分钟完全浪费。后来我采用事后回忆的方式记录，我身边的大多数心理老师都是采用这种方式。有一些个案需要写个案分析报告，更加需要整块的时间静下心来写，因此事后记录的方式操作性更强。也有一些老师担心自己遗忘关键信息，会买录音笔在重要/困难的个案中使用，但使用前需要向来访者说明，征得同意之后才使用。注意，是单独买一支专业的录音笔，不是用手机录音。

如何记录呢？其实学生前来咨询的问题基本都是围绕几个主题：学习问题（含考试焦虑）、同伴关系（含异性交往）、亲子关系、情绪问题、压力缓解等，所以我们的咨询记录模板可以设计得简单一些，基本信息、主诉问题、初步评估、解决策略、咨询过程、效果评估、备注。可以提前设计成表格，大部分是填写，一小部分信息变成勾选，这样就会更加简约方便。

从您的提问中可以看出目前头疼的可能是"咨询过程"，这部分可以用比较简略的方式记录咨询流程（你是怎么做这个咨询的）和令你印象深刻的片段，来访者做了什么（来访者的阻抗、不合理信念、沉默等）和你如何应对，也可以记录你觉得本次咨询中最关键的一个片段。此外，危机干预或比较棘手的个案还是详细记录比较好。

补充知识点

常规咨询记录

1. 来访者信息：

（1）背景资料，姓名、性别、年龄、民族、职业、职务、职称、文化背景等。

（2）来访者主要诉求，情绪、个性特征、兴趣爱好、自我认识评价和常用的应对方式；家庭关系、人际关系、个人成长经历和社会支持系统等。

（3）来访者既往病史、家族病史、既往心理咨询情况，主诉的问题，心理测量结果。

2. 咨询师评估信息：

（1）对来访者功能和症状的评估，来访者对咨询的反应，咨询的进展，危机的评估。

（2）咨询计划、咨询师的情绪、假设、对来访者的个案概念化信息。

（3）咨询师的推测、情绪、咨询中的困难情境以及要督导的问题（为了更好地咨询）。

3. 咨询师评估细节：

（1）记录来访者咨询时的特征。例如：是否按约定时间到，迟到还是提前等等，当天外观、表情是否与往常不同，可以着重把握这些细节。

（2）对咨询中的会谈内容要做简明扼要的记录。记录时用第一人称，并尽可能记录来访者当时的语气，准确反映出咨询会谈时的气氛。可逐条记录，也可做流水账式的记录。

（3）心理老师做咨询记录所需的时间长短不一，而且用时不同。有的喜欢在咨询结束前10分钟记，比如安排60分钟做辅导时，50分钟用来咨询，最后10分钟做记录；有的喜欢事后记，做完咨询以后再去整理。

（4）咨询记录要对来访者主诉的内容、问题的记录进行综合。记录咨询过程中所产生的想法、存在的问题，这些都是重点，为了今后的咨询能够达到有效进步而做出的分析。

4. 咨询记录撰写原则：

（1）保密性：一般用第三人称称呼来访者，不包含被第三方识别出来的个案信息。

（2）相关性：仅仅记录与咨询个案和咨询过程相关的内容，避免写无关信息，比如来访者提到的第三方的名字。

（3）客观性：记录咨询师对来访者身心状况的客观观察，写清楚这句话是谁说的，如果用来访者的语言描述，需要加引号，避免主观臆断和绝对化的用语。

（4）简洁性：尽量用最少的字数概括咨询的关键内容，用词要精确，同一主题的内容写在一块（伦理守则3.3　按照最低限度原则披露相关信息……）。

（5）专业性：记录提供了哪些服务，是否符合专业规范。

我的思考与经验

61. 辅导时学生不说话，该怎样和他沟通？

适用对象：班主任、心理老师　　**适用场景**：讲座、辅导室

林红丽 回答

> **匿名 提问**：我是一位刚入职的心理老师，在学生来找我咨询的时候，我总会有种手忙脚乱的感觉，不知道该怎么进行；而且他们大多是被班主任安排过来的，来了也不说话，只会"嗯、啊"回答，让我更不知道该从何处下手了。针对不爱讲话的孩子，我们该怎样去沟通呢？老师有什么好建议吗？

对于刚入职的老师，无论是辅导个案、上课还是组织其他心理健康教育活动，多少都会有些"手忙脚乱"，因为我们即使有专业万千，但经验毕竟是零，这很正常。

首先是关于学生来源，确实有部分孩子是班主任安排的，但我认为孩子自己也是愿意来的，不然不会走进辅导室。以前我们学校没有开心理课，我会向老师们普及心理健康教育知识，特别是班主任，让他们科学看待心理辅导，心理辅导如同"心理保健"，请班主任给孩子们灌输科学的理念，尽可能减少孩子们对辅导的抵触心理。后来学校开设了心理课，我会在课上对孩子们宣传，让孩子们越来越接受心理辅导。如果你所在的学校开课有困难，也可以建立一支"心理委员"队伍，心理委员可以起到科学宣传和联结同学的作用，便于我们更好地开展工作（我们学校心理委员经常会介绍同学来找老师咨询）。

孩子来了也不说话，可能是他不知道从何说起，也可能是他不想承认自己有问题，

或者他就是一种防御……可以使用一些艺术疗法来打破僵局，比如我这一学年都是用OH卡牌，通过孩子的投射知道孩子关注的问题和情感，知道他的问题所在，并带领他去改变，效果明显。此外还有沙盘、绘画等等，这些方法可以多学习。对于学生辅导，只要有孩子来我都会表示欢迎，一来觉得可以帮助他们，自己特别有成就感；二来有助于自我提升。上学期我们学校专兼职心理老师队伍正式排班辅导，兼职老师开始也有类似你这样的想法，我说"没有关系，当我们在倾听，在给予关注和支持的时候，对孩子们来说，就是有帮助的"。因为在平时的交流中，每个人都期望快速达到教育的目的，大家使用的途径就是"说教"。孩子被"说教"太久了，极度渴望被倾听和理解。

最后，我建议组织"学习共同体"，如果同市区的老师不好组织，大学的同学也可以，或者在"心理老师成长联盟"交流个案，共同进步，也算是"朋辈督导"。如果有资源、有能力也可以寻找更好的专家作为督导。当我们接触的个案越来越多，经过不断学习、成长，就会有越来越多的底气来应对各种挑战。你的心理健康教育生涯刚刚开始，未来亦有无限可能，加油！

同行补充

宓贝*：作为新手老师，刚开始工作时难免会遇到这种困境，我们自己要能接纳这样的状况。当学生来的时候，我们也要合理期待，首先做的是建立良好的咨访关系。学生一开始不怎么说话是正常的，我们可以倒上一杯热水，静静地坐在一旁，保持真诚与尊重，不急于要求孩子说话，慢慢地他们也会感受到安全；或许就会敞开心扉了。

📝 补充知识点

心理委员的一般职责：

1. 认真学习并积极宣传学生心理健康知识，在本班级积极开展心理健康教育和宣传活动。

2. 协助学校开展各种活动，并在心理健康教育课程、讲座及活动中起骨干作用，带动其他学生积极参与。

3. 注意发现学生中出现的各种心理异常现象，给予力所能及的帮助，并及时向班主任、学校心理健康辅导教师反映，使其得到尽快解决。

4. 帮助有心理困难的学生及时前往心理咨询室接受心理辅导，负责向心理辅导教师提供学生的表现，以便加强对接受咨询的学生跟踪及反馈。

5. 协助学校开展心理普查和问卷调查。

6. 在心理健康教育中担任老师助理，为老师、同学提供力所能及的服务。

我的思考与经验

62. 怎么缓解学生对心理辅导的抗拒态度？

适用对象： 班主任、心理老师　　**适用场景：** 教室、辅导室

鲁洁 回答

> **匿名 提问：** 我校一名高中生，拒绝和同学交流，学习积极性差，不愿和班主任沟通，和父母关系也很差。班主任推荐其来找我做咨询，学生很抗拒。请问作为心理老师该如何缓解学生的抗拒态度？

我们在学校做心理健康教育工作，常会遇到被班主任推荐来的学生，如果不是自愿来找心理老师，学生产生阻抗也是正常的，因此初次建立关系很重要。以下是咨询流程建议及举例：

1. 自我介绍，说明咨询中的保密原则。例如："xx你好，我先简单地做自我介绍，我是……，你在这里和我说的话，是不会被别人知道的。"

2. 用共情、真诚来破冰。例如："今天你人已经来到这里了，接下来我们会有几十分钟的相处时间，虽然xx老师没有事先征求你的意愿就让你来到这里，但既然已经来了，为了不浪费你后面的时间，你可以把我当朋友聊聊吗？聊些什么都可以。如果以后你不想再来这里，即使是xx老师再让你来，你也可以拒绝，我也会跟xx老师说要尊重你的意愿，接下来你愿意跟我聊聊吗？"（一般学生都会同意或者点头）

3. 用OH卡牌技术开始工作。可以根据我们心理老师擅长使用的技术来使用。我倾向于使用OH卡牌中的蜕变之旅技术，或者焦点解决的方法来进行工作。原理是借助卡

牌，不直接探讨学生的问题，在解读卡牌或玩游戏过程中，可以投射出学生的很多真实想法。

需要注意的是，在咨询中，若感觉学生不是很信任我们，就不要急于解决班主任认为的"问题"。因为班主任会觉得学生存在这样那样的问题，也许在学生看来并没有什么不对。所以我们要在学生不阻抗、咨询能进行时，再去挖掘、探讨咨询目标设置。

补充知识点

1. OH卡牌中的蜕变之旅：指参与者通常会被引导进行一系列的卡牌抽取和解读，这个过程旨在帮助他们探索自我，理解自己的情感和思想，并寻找可能的解决方案或方向。

2. 焦点解决：是一种心理治疗模式，它的主要特点是以解决问题和发现个体所拥有的资源与优势为主，而非过多关注问题本身。

我的思考与经验

第七章

带领团体心理辅导

63. 学生参与沙盘、室外团体辅导时容易躁动，可以用有趣的对答口令快速整顿纪律吗？

适用对象： 心理老师　　**适用场景：** 辅导室、体育馆、操场

洪洁州 回答

> **匿名 提问：** 学生参与沙盘或室外团体辅导时总是很躁动，特别是一个体验环节结束后，他们会聊天或者四处走动。有没有新颖、有趣的对答口令能快速整顿纪律呢？

要根据学生的学段特点和场合分情况来看，活动前的规则建立比事后的口令对答更必要，而且口令对答的规则，也需要提前沟通过，不然后面不管你说什么，学生躁动起来就很难再安静下来。如果接下来要进行体验分享或冥想幻游之类的安静活动，过渡方式最好不要采用大喊大叫的口令。可以采用更为安静的方式，如听觉的音乐和视觉的聚焦点。

沙盘活动结束后，如果准备进行分享环节，可以让学生把双手都放在沙盘桌边上（转移注意力+约束身体姿态），安静地观察一分钟，然后开始进入分享或提问环节。

室外团体辅导，形式可以更多。比如：声音的方式，让学生跟随某段音乐的节奏（节奏由慢到快，再由快到慢）拍掌，直至音乐停止；视觉的方式，团体辅导开始前提前约定规则，当老师举起拳头或者五指合并和口头提示"聚焦"时就要看到这个手势，直至安静；口令的方式可以用"老师说"或者"眼睛看哪里"，学生回答"学生听""看老师"等，也可以根据具体情况编新口令。

我的思考与经验

64. 给非自愿求助的学生开展团体辅导，如何开展并消除阻抗情绪？

适用对象：心理老师　　**适用场景**：教室、辅导室

洪洁州 回答

匿名 提问：我这学期在学校开设了校园心理情景剧社团，学生对此兴趣高也配合，但校领导突然让我解散社团，去给初一年级班主任上报的问题学生做团体心理辅导。但这些学生对心理辅导的阻抗情绪比较严重，其中有几个学生全程低头一句话不说，和他们说话也不理；有些学生又特别活跃、爱寻求他人的关注；有些学生在下课时间借口回班级拿东西后，就不见人影儿了。我从来没有接触、辅导过这样的团体，也和校领导沟通了我的难处，但校领导态度很坚决，并希望我能做出效果。我的心理压力很大，该如何解除学生对团体辅导的阻抗心理呢？有哪些适合初中学生开展的团体辅导活动？

我觉得你现在面临的难题主要有三个：

1. 领导所说的一定要做出效果具体是指什么？搞清楚领导的期望是你做事的第一步。

2. 学生对团体辅导带有刻板的负向信念，导致有阻抗。

3. 因为1和2的缘故，你自己产生的心理压力。

我的个人建议是先了解领导的目的，然后在团体辅导中合并2和3作为目标。你可以思考以下几点：①怎样叫有效果？是学习成绩提升？原有的问题行为改善？还是纪律改善？②如何证明效果？是团体辅导的主观评价表单，还是通过心理测评了解学生的心理问题是否解决，又或是通过家长、老师的评价。这代表了不同的工作难度。

然后是2和3，为什么可以合并呢？个人认为，参加团体辅导的学生的心理问题一般都不是很严重，属于团体辅导可以解决的范畴。这些学生大多自我评价过低、缺少自我觉察、看问题有些极端和非理性想法，缺少社会支持等。

团体辅导的预期效果是：①能尊重别人，听别人说完话。②能好好表达自己的观点。③能切换多元立场，增加思维的弹性。④能感受到别人对自己的倾听和支持。⑤能体会人和人之间的差异性，更具接纳心。⑥对其他人遇到的困扰做思想上的预演和训练，提高社交技巧和解难能力。你现在需要做的，是如何启动这个团体的动力。参照

罗杰斯的会心团体规范去做就可以了。团体辅导可以分为三个阶段：

启动阶段：你目前感到的压力，本身是一个很好的动力示范。第一次会心团体时，把你的压力、无助和不知道以后怎么办等情绪层面的烦恼暴露出来（不要抱怨领导）。然后让同学轮流说说自己是怎么来到这里的，心里是怎么想的。第一次的主题可以定为"废材联盟"，老师也是"废材"，有压力，不知道怎么带团体。最后引导学生制订一个大家都可以接受的团体目标。

会心阶段：第一次活动可以让同学们随意聊聊，再引出活动规则，比如：①当别人说话时，要认真听，不能打岔。②每个人说完，其他人都要鼓掌并且说"谢谢你的分享"。③如果有同学对讨论有异议，等其他同学说完再陈述自己的观点，不能攻击别人，以举手表决结束讨论。

还可以引入多角度反馈的玩法，如六顶思考帽的思维和玩法，提前做好方案，设置六种立场角度，比如：①无条件支持，不分立场。②认可行为的动机和情绪。③客观评价，只看行为。④都是别人的错。⑤都是我的错。⑥谁都没错。

结束阶段：每次聚会结束前，让每个同学开放性地写写自己的想法，包括对自己的、对别人表达的、对议题的想法等。在倒数第二次的聚会上，可以先预告团体即将结束，带领学生回顾、互相表达、做一些仪式化的祝福等。

📝 补充知识点

会心：就是指心与心的沟通和交流。会心团体是大家固定聚会，通过彼此在团体中的人际交往经验，此时此地的情感，互相给反馈，以此促进个人的成长，包括了解自我、增强自信、寻求有意义的人际关系等。

我的思考与经验

65. 如何针对问题学生的家长开展心理工作坊？有哪些主题可以选择？

适用对象：心理老师、班主任　　**适用场景**：辅导室

李宁 回答

> **匿名 提问**：如何针对问题学生的家长开展心理工作坊呢？背景信息如下：①目前的专题有叛逆、网络成瘾，还有哪些比较适合又能吸引家长？自伤自残、抑郁、校园欺凌这些适合吗？②时间：90分钟左右。③对象：一次20～30个学生家长。④一个专题只做一次活动，效果会好吗？我的时间、精力有限，可能一个群体做不到长期开展。⑤专题做完后需要联系家长做回访吗？⑥请问还有哪些需要注意的事项？

自伤自残、抑郁、欺凌是极少数家长群体的困境，每个个案的情况都是非常复杂且个性化的，建议一对一约谈，不适宜以团体工作坊的形式进行。

其实学生的诸多发展性挑战都会受到家长的影响，如果家长给予情感支持，做出更积极的养育行动，那么学生的整体状况就会好很多。从这个角度思考，学习困难、人际敏感、生涯迷茫、磨蹭拖拉还有你提到的叛逆（亲子沟通）、网络成瘾等，都是可以开展团体工作坊的主题内容。另外，也可以通过问卷调查的方式，了解自己重点服务的家长群体困扰都有哪些，从而确定工作坊的主题。

此外，通常而言，一个专题只做一次，效果可能不会很理想，但是如果时间精力有限，可以辅以读书交流、有效互动记录等其他方式，进行后续的追踪服务。专题做完之后，可以考虑做回访，如果只是想知道当时的专题是否贴切家长需求，可用问卷星等在线问卷调查的方式进行反馈收集。如果切实想要落实专题对家长和学生的帮助，建议与家长进行更长期、更深入的互动。

还需要特别注意的是，工作坊开始前要尽可能获得学校的支持，尽可能了解参与家长的状况。团体工作坊带领过程中，如果有互动，要尽可能保持中立，照顾到所有的参与者。另外，工作坊有多种形式，如专家对话、圆桌会议或者团体等，要尽可能考虑好可能出现的情景，设置好问题。如果采用团体心理辅导的形式，则有更多需要注意的问题，具体可以参考樊富珉的《团体心理辅导》。

我的思考与经验

66. 如何设计以"善于表达自己的情感"为主题的团体辅导活动?

适用对象: 心理老师　　**适用场景:** 文书工作、教室、辅导室

谢晓燕 回答

> **匿名 提问:** 我想以"善于表达自己的情感"为主题做一次团队辅导活动,请问应该怎样设计?

对于"善于表达自己的情感"的主题,我的理解是,重心在于"善于表达",活动的目的是引导学生去表达其内在的情感。要基于这个重点来进行团体辅导活动方案的设计。

团体辅导方案一般分为四个阶段,我将分别从每个阶段给予你几个小建议:

1. 团体暖身阶段。这个阶段重在营造活动氛围,让团体成员建立关系,将他们的注意力吸引到活动中来。我们可以采用"大风吹""你追我逃"之类的暖身活动来进行破冰,调动现场的氛围。比如当老师说"大风吹,吹高个子的同学"时,符合条件的学生就请他们站起来,接着老师可以继续"大风吹,吹今天很开心的同学"等。"你追我逃"指的是让同学们围成一个大圈,举起双手,左手掌心摊开,右手伸出一只食指,分别面向隔壁的同学,每个人会形成右手手指面对别人的左手,左手又面对别人的右手。然后老师讲一个有关情绪的故事,每当听到比如"高兴"这个词时,就要让自己的左手去抓别人的右手,而自己的右手逃离别人的左手,避免被抓到。

2. 团体转换阶段。这个阶段主要进行情境创设,并引出主题。我们可以采用情绪脸谱传递,将学生分成几个组。先让每个组的第一位同学抽取一张情绪脸谱,然后通过自己扮演脸谱上的情绪,让第二位同学解读这种情绪,并继续将这种情绪传递下去,由组内最后一位同学说一说他感受到的情绪是怎样的。我们也可以采用"情绪猜猜猜"

游戏，让一位学生上台，抽取情绪类型并表演出来，让其他成员猜猜他表演的情绪是什么。通过游戏表达情绪，进而引出主题：如何来表达更深层次的情感？

3. 团体工作阶段。这一阶段在团体辅导活动课中所占比例最大，主要是让学生探索表达情感的方法，并鼓励他们勇于表达。可以先让学生小组分享：平时最常体会到的情感是什么？然后再一起头脑风暴：可以怎样表达自己的情感？鼓励学生采用多种方式，比如通过语言来表达，或者用文字表达，又或者通过演绎进行表达等等。我在上《感恩，从心开始》这一堂课时，曾让全班学生和我一起来探讨：如何对身边曾经给予我帮助、力量和温暖的人表达感谢呢？让全班一起来头脑风暴，形成班级版的"感恩转盘"，将学生想到的表达方式收集起来，并书写在电子白板上，让他们了解有这些方式可以进行表达，以后想要表达感谢时，可以在这个感恩转盘中选择一种方式。

4. 团体结束阶段。通过对这次活动的总结、盘点，让学生将这次活动的收获带入现实生活中。常见的团体结束主题有："我的收获""我们大家都来说""把心留住"，以及与主题相关的歌曲等。在表达情感这个主题中，我们可以采用课后延伸的方法，让学生找一个信任的对象，并用自己喜欢的方式进行情感表达。

同行补充

洪洁州： 首先，你的提问缺少一些基本信息，比如：对象是谁？年龄多大？身心特征？想通过团体辅导实现什么目的？假设这个团体辅导的目的是让学生学会善于表达自己的情感，我们可以尝试将这个课题拆解为以下思路：①什么是表达情感？②怎样算是善于表达情感？③不善于表达情感的阻碍是什么？④哪些是可以改变的？如何突破这些阻碍？我的思考过程是这样的：

（1）正常的人都有情感，表达情感是一种行为上的能力。有的人擅长，有的人不擅长。表达情感在某些时候是必要的（目的），希望学生能认识到表达情感的重要性，以及愿意更开放地看待自己表达情感这件事情，并尝试主动突破自己过往的认知，体验表达情感，获得更多的可能性。

（2）学生不善于表达情感的障碍可能有几个（你要结合具体学情来判断）：①外在环境气氛不对（大家都很内敛，环境不允许，缺少主动开放的氛围）。②主观意愿不强（好面子——主动表达自己的人看上去好傻；性别刻板印象——男孩子不可以"娘炮"）。

（3）个人能力不足（不懂得如何自我暴露、不懂看场合）。

（4）没有经验……

其次，这些因素中有哪些是可以改变的？例如：①主观意愿是一种主观的想法（根据情绪ABC理论，这些不合理的信念要改变是可能的）。②能力不足是一种客观的行为（根据行为主义强化理论，这些行为是可以习得的）。接下来，我们要思考该如何改变。

（1）对表达情感的不合理信念进行驳斥。"主动表达自己的人看上去好傻"可以用极端法。设置一个游戏场景，让所有人都愿意主动表达自己的情感和想法，然后只有少数人坚持"不表达情感"，以此看出其荒谬之处。"表达情感的男孩子会很'娘炮'"可以用对比实证法。设置一个男孩子会遇到的现实生活场景（是用情景演练、视频，还是讲故事的方式，主要看活动的时间设置），给出两种方式，一种是需要积极主动表达情感，另一种是保持完美的理性分析+"扑克脸"。最后让大家来投票，看哪种方式会让人觉得男孩子更有魅力（引用"出丑效应"+"双性化测验"为原理来分析、找例外，说明表达情感的好处）。

（2）具体表达情感的技能，包括自我暴露的层次，语言和非语言线索、克服眼神对视的紧张和害羞感等。分别讲解：①如何自我暴露。合适的场合对象+"我信息表达"的形式+自我表露的合适层次选择。②如何克服眼神对视。游戏脱敏，两两对视，看谁先避开眼神，分享时可以分析如何减少这种紧张（看眉毛鼻尖三角区、眼神的转移、侧坐位等）。③如何使用语言、非语言线索。如何用语言和非语言线索让人感受到你的情感强度，参考"乌鸦与乌龟"的故事。或者老师编一个包含喜怒哀乐的故事，当故事出现相应情感时，要学员用非语言的方式同步表现这些情绪情感，分组分享彼此的经验。

最后，按团体辅导的动力学（引入—发展—综合—结束）结构，结合你想实现的目标，挑选合适的活动整理成教学线。

我的思考与经验

67. 让多动症孩子融入班级的团体辅导活动该如何开展？

适用对象：班主任、心理老师　　**适用场景**：教室、辅导室

冯荫 回答

> **匿名 提问**：我们学校一年级有个孩子患有多动症，在班级里经常打骂同学，往同学眼睛喷酒精……目前，这个孩子处于间歇性休假期。现在校长要求我做面向这个班级的团体辅导，缓解大家情绪，消除偏见。我不知道如何确定主题，有哪些活动比较适合？

我曾经做过这样的案例，主要是以认识和接纳构建温暖友爱的班集体为主要目标的团体辅导活动。不同于正常孩子，患有多动症的孩子在人际交往方面需要更多的提醒和示范。在这个团体辅导中，主题可以确定为"我们不一样""认识不一样""我们帮助他"等等。因为是针对一年级学生，流程可以先从关于朋友的绘本故事——例如《一只孤独的乌鸦》来热身，引出每个人都需要友情。接着请同学们介绍下自己的好朋友，然后举例有个同学（建议化名）他不懂得如何与同学相处，做了一些伤害同学的事情，请同学们帮帮他怎么解决。接着可以通过现场情景模拟等加深同学们的印象，然后请同学们给这位同学画一幅画，或者写一段鼓励的话等等，以升华情感。希望这个思路对你设计团体辅导活动有所启发。

同行补充

陈银欢：这确实是多动症儿童在班级融入中面临的问题。多动症儿童存在多动、冲动、注意力缺陷等症状。据你描述该生存在冲动性的情绪和行为，已影响到班级同学的正常学习。根据受影响的群体程度可考虑开展针对性活动。第一类人群：影响不大，团体心理辅导以普及多动症儿童身心发展的心理知识为主，从认知层面帮助学生了解这类孩子的困难。第二类人群：受影响一般，存在被该生攻击而引发的担心和焦虑。团体辅导以引导情绪宣泄和协助学生行为调节为主，如蝴蝶拍呼吸技术、绘画方式，同伴结对帮扶增加群体力量和支持度。此外，还需跟学生发布心理援助热线。第三类人群：影响较大，如害怕到躲进厕所的孩子，可考虑个体心理辅导帮助学生。

📝 **补充知识点**

造成多动症的原因目前虽然没有定论，但多项研究表明，来自脑部额叶皮质下回路的功能异常会造成孩子不专心、冲动、坐不住、情绪和动作的控制失调，以及组织计划能力不佳等问题。目前并不认为社会或家庭心理因素会导致多动症，但这些因素和多动症的症状严重度、持续度、长期预后以及会不会发展出其他情绪行为问题等是有关的。各类研究明显证明，药物治疗是最有效的治疗方式；亲子教育、行为治疗及学校补救教学，是不可或缺的治疗策略，但须配合药物治疗，效果才会显著。

我的思考与经验

68. 初一年级学生有攻击行为，影响同学关系，如何开展团体辅导？

适用对象：心理老师　　**适用场景**：教室、辅导室

陈曦 回答

专职心理教师、一级教师、学校督导评估部主任、重庆市南岸区教育学会家校社共育研究会副秘书长。

匿名 提问：某初一学生多次表现出强烈攻击性。第一次要拿椅子上台打老师，被阻止未果；第二次和同学在食堂争吵，互扔食物；第三次在课堂上与同学争吵，发生推搡。目前学校已做好安全预案和心理预案，但由于该生影响了班级课堂秩序，并且有攻击行为，班级同学意见很大。班主任希望能做一次心理团体辅导，让班级同学友好相处，能在团体辅导的主题设计方面给我一些思路吗？

我们可以围绕以下来思考：开展团体辅导的目的是让其他同学更加接纳他？还是让这个同学看到他的行为给其他同学带来了困扰，让他自行去调整自己的行为？

首先，我们来看第一个假设：开展团体辅导的目的是让其他同学更加接纳这名同

学。对于初一的孩子来说，他们已经具备了一定的自我意识和判断能力。除非他们能够真正理解、包容和欣赏这名同学，否则很难通过一次心理团体辅导来转变全班同学的观点。因此，这个假设可能比较困难。

接下来，我们考虑第二个假设：让这名同学看到他的行为给其他同学带来了困扰，并让他自行去调整。如果全班同学一起去面质他，可能会更加激怒他，让他觉得自己被所有人针对了，从而增加他的攻击性行为。因此，这个假设可能也比较难实现。

如果以团体辅导的方式来开展针对初一学生攻击性行为的方案，那么建议是组建一个有同样攻击行为倾向的同质团体。团体辅导的目标可以设定为：减少攻击性行为，提高自我控制能力，增强同伴关系，以及改善情绪调节能力等。

主题选择，根据研究，中学生言语攻击的比率最高，其次是身体攻击。[1]因此，可以将主题定为"情绪管理与人际交往"，同时辅以"自我认知与成长"和"解决冲突技巧"。

活动设计的流程，可以划分为几个主要的部分：

（1）开场介绍：通过简短的自我介绍，让每位参与者了解彼此的基本情况，建立初步的信任感。

（2）情绪管理工作坊：教授学生识别和表达自己的情绪，以及如何有效地管理这些情绪。[2]

（3）人际交往技能训练：通过角色扮演或小组讨论，教授学生如何在日常生活中建立和维护健康的人际关系。[3]

（4）同伴支持小组：鼓励学生分组进行互助学习，帮助他们理解并实践在团体中的相互支持和合作。[4]

（5）冲突解决策略：教授学生使用非暴力沟通和其他冲突解决技巧来处理人际间的矛盾和冲突。

这个团体辅导方案的实施，注意两个要点。一是在活动前后，要设计一个关于"攻击性行为"的问卷，以此检验团体辅导效果并为未来的改进提供依据。二是对个别重点学生，要开展个别心理辅导。对这个学生而言，我们可以深入了解他的攻击性背后的原因，挖掘他的优点，并帮助他建立积极的自我形象。在辅导过程中，我们需要注重倾听、共情和建立良好的咨访关系，而不是过多地讲道理。每个学生都渴望被看到、被认可，只有找到他攻击性背后的原因，并帮助他感受到自己"好"的部分，才能让他表现得更好。

同行补充

穆*：谢谢老师的回答。个体辅导已经做过两次。家庭方面，父母教养方式没有明显的言语和行为上的表现，团体辅导不仅是对这个孩子，也是希望能促进班上同学相互了解，友好相处。这个孩子有攻击性的原因是因为有其他同学贬低他，或者被老师批评，控制不住自己的情绪。

陈曦 回复 穆*：如果这名学生容易因为老师的批评或同学的贬低而情绪不稳，也可以看出这个孩子的自尊水平不稳，对自己缺乏稳定积极的自我认知，所以在个体辅导的过程中需要进一步去挖掘他的优点，看到自己"有"和"能"的部分，提升他的自信；同时，在团体辅导的过程中，开展关于人际交往技巧、如何应对批评等主题的团体辅导。

补充知识点

团体辅导方案中与"攻击性行为"有关策略设计的参考文献：

［1］胡晴.中学生攻击性行为成因及对策分析［J］.知识文库，2017（23）：224.

［2］任慧迪，李良明.系列团体心理辅导方案的设计与实施——以情绪调节主题为例［J］.中小学心理健康教育，2022，（10）：30-35.

［3］杨敏毅，鞠瑞利.学校团体心理游戏教程与案例［M］.上海：上海科学普及出版社，2006.

［4］张启越，薛苹苹.初中生同伴关系与攻击性行为的关系：自我效能感的中介作用［J］.心理学进展，2021，11（6）：1547-1554.

我的思考与经验

69. 带领高中的大团体辅导时该如何控场？

适用对象：心理老师　　**适用场景**：辅导室、体育馆、操场

洪浩州 回答

> **匿名 提问**：我在一所高中任实习心理老师，导师让我负责学生会新生的团建活动，以团体辅导的形式开展活动，目的是加深同学之间的了解，加强团结。我以前只带过十人左右的团体辅导，现在要带七八十人的大团体辅导，该如何控好场呢？我感到毫无头绪。

如果你担心在大团体辅导中失控，需要注意以下几个点。

1. 活动设计规则要简单，讲解起来也要简单、明了，相对模块化。这样切换的时候容易把控注意力。

2. 入场活动（好的开场可以让整个活动都很顺利）：

（1）所有开场都用"问"的形式引入：问2~3个回答"是"的问题浅度催眠，如果让学生一开始就"习惯"于服从你，他们就会一直这样配合下去。

（2）浅度催眠：给一个小的指令让大家去做，大家在配合之后，就已经被催眠了；或者通过跳热身舞，重复简单的动作，所有人一起做，统一产生巨大能量。

（3）一开始不要给学员思考的机会，简单有力、连贯的指令，让学员没有思考的时间。

3. 分组。组内注重凝聚力，组间引入竞争机制。分组的方式，可以先分女生，然后让女生在限时内争抢组员（男生）。女挑男会相对容易很多。组间竞争可以将男生的调皮、刺头转化为正面动力。

4. 重视小组长。提前将活动任务条准备好，不要指望你一个人在大团体面前能讲得清楚，留点时间让小组长分组理解规则（因为小组长在组内讲规则后可能会出现突发状况，提前准备好应对的回应方法）。

5. 带领游戏时遵守十六字真言：充分准备、说明清楚、先行练习、夸大动作。老师自己要很投入，不要有抽离感。

6. 游戏规则的讲解。

（1）首先需要说明本次游戏的目的，说明要迅速、简便。

（2）规则表述要求：清晰简短、有条目和口语化，如1, 2, 3, 4, ……

　　（3）规则包含信息：胜利的条件，犯规的情况，组织示范并给个别学员举手提问以确认是否理解规则。

　　7. 活动分享要坚持一个理念：没有输赢的结果，只有体验的收获！

　　（1）坐下再分享：身体状态会影响心理状态。因此，分组教练需让同学们找一个较为适合分享的环境。全体坐下之后再进行分享，有利于心理场的建立。

　　（2）算准时间：分享一般不超过13分钟。因此，如何组织分享很考验控场能力。在分享时，必须考虑应对三种突发情况：①很多人积极发言，个别发言啰唆占据时间。②没人发言，冷场。③主题分散走样（给小组长的任务条要有提前准备的话术）。

　　（3）没有失败者：避免用"输""赢""奖""罚"等分辨胜负的字眼，而用"请""玩游戏""做到"等正向的字眼，增强体验的成就感和快乐感。

　　8. 活动后分享内容的要求：浅层次的是分享活动过程并总结；中层次的是分享感受、感悟；高层次的是联系平时的工作和生活。不要求层次越高越好，只要愿意开口说就好。万能分享法："刚才你为你的小组做了些什么？还有什么可以让你的小组变得更好？""你怎么看待自己在小组里的表现？"

我的思考与经验

---

70. 给高三学生做团体辅导活动，但效果较差（不愿参与/开小差），该怎么改进？

适用对象：心理老师　　**适用场景**：辅导室、体育馆、操场

洪浩州 回答

　　匿名 提问：我给高三学生做团体辅导活动，活动中带学生做游戏，但是效果比较差，体现在：①学生好像不是很喜欢参与，需要学生做活动的时候学生不愿做。②学生

团体的注意力不在我设计的活动上，容易开小差。对此我比较苦恼，不知道该怎么办。

　　团体辅导设计和带领，每个环节都可能会影响到活动效果。从你提问的两点看，暂时看不出背后的真正原因。

　　1. 需要学生做活动而学生不愿意做，要进一步分析：

　　（1）活动是不是不适合？比如看上去会很傻，会不好意思。如果是的话，要根据学生的理解适当地调整，增加示范环节，让学生给反馈。

　　（2）是不是活动带领比较生硬，规则说得不够弹性，或者规则太多，步骤一堆。如果是的话，得考虑优化。规则要简洁、清晰和有步骤，尽量从学员的角度来说明规则。奖惩信息、时间限制是最主要的信息，可以先抛出以吸引注意力，然后再将活动过程、规则、要求迅速讲清楚，复杂部分可分短句、重复说出。

　　（3）是要所有人参与还是个别人？活动不是只有亲自参与才算体验。要尊重个人自愿，不强迫参加。可以通过赋予多种角色，让不愿参与的学生胜任观察和监督角色，并在分享时鼓励参与说明。

　　（4）是不是害怕活动中的胜负和被评价？活动设置应该考虑不同方向都可以引导，而不是只有一个方向。活动带领时，要强调没有失败者，避免用"输""赢""奖""罚"等分辨胜负的字眼，而用"请""玩游戏""做到"等中性词语，增强体验的成就感和快乐感。如果学生害怕被评价，可以通过分组轮流互相评价的方式进行，说别人总比说自己容易。

　　（5）是不是觉得团体辅导活动一定得按计划带下去？其实不然。坦诚是最好的带领技巧。如果团体动力卡住了，完全可以停下来花点时间聚焦这个问题，看接下来活动该怎样进行更好。当然还有很多其他的原因，需要进一步觉察和反思。

　　2. 注意力不在设计的活动上而喜欢开小差。这个必须基于能解决第一个问题的前提下，对游离开小差的学生，可以用身体语言把他拉回来，或者利用团体压力迫使其改变的策略：

　　（1）运用学生自己的力量（乾坤大挪移）。学生可能会对助教有抗拒的潜意识，选出组/队长之后，让队长去执行某些指令，转化对抗。

　　（2）利用大家的力量（原理：学生会抗拒带领者，但大多不会抗拒所在集体）。

　　（3）有个别学生抗拒，如果感觉大多数人对其抗拒没有赞同感，可以借助大家的力量去影响他——"大家说应该怎么办呢？"

（4）如果一个小组的成员普遍缺乏个人责任感，泛泛而谈，个人分享时总是用到"我们应该……""你应该……"等词汇时，应提醒学员多用"我""我要怎么做"来分享，从而引导学员思考："那么你自己要怎么做？""在那种情况下，你可以做什么？"

我的思考与经验

第八章
实施心理测评工作

71. 心理健康普查和心理危机排查两者有什么区别？各自需要哪些存档材料？

适用对象：心理老师　　**适用场景**：教室、讲座、辅导室

乔翠翠 回答

> **匿名 提问**：心理健康普查和心理危机排查两者有什么区别？各自需要哪些存档材料？

从工作实践来看，二者很接近。面向全体学生每年一次的心理健康状态调查叫心理健康普查，在重要时间点排查心理危机群体叫危机排查。区别在于：①后者的范围更小，因为日常的教育教学活动中心理老师已经保留了需要心理帮助的群体的记录或资料。②后者会进行更加细致的一对一访谈和评估。③在重大事件发生后，对部分群体进行危机排查。

在实际工作中，心理老师会在每学年第一学期开学一个月左右，组织全体学生进行心理健康普查。如果学校购买了测评系统，使用测评系统更为省时省力。若没有购买，可以联系公众号"心理老师成长联盟"的冬雨老师免费试用系统，或者借助问卷星等数据收集平台（需自己设置和分析）。心理老师选择合适的问卷，需要存档的资料包括：测试题目，原始数据，全体（全年级）学生测评报告，需进一步访谈的学生名单（名单中学生的访谈记录需一人一份单独记录）。访谈后结合班主任反映的情况，列出需要关注的学生名单，对名单上的学生进行一对一的危机评估，某些学生会被剔除，其余学生则被划为一、二、三级预警，每个等级会有不同的辅导方案。老师将最终形成的危机预警名单和干预方案提交到德育处。

在每学期开学前一周、大考（期中、期末）前/后，与危机预警名单中一级预警的学生作心理访谈，了解他们是否需要帮助；对二级预警的学生进行心理访谈或个体辅导；对三级预警的学生需要每周跟进，在特定时点照常跟进。另外，结合班主任反馈、家长报告和学生主动来访，排查的范围有时需要针对性地扩大。

我的思考与经验

72. 需要给初一新生做开学普查吗？怎样做效果更好？

适用对象：班主任、心理老师　　　**适用场景**：教室、辅导室

鲁洁 回答

> **匿名 提问**：我即将步入一个新学校担任初中心理老师，学生群体是初一年级。开学后，有没有必要对新生开展心理普查呢？如果需要，具体应该怎么做？

初一学生是有必要开展心理普查的，原因如下：

从政策层面来说：2023年教育部等十七部门印发关于《全面加强和改进新时代学生心理健康工作专项行动计划（2023—2025年）》的通知中指出，"县级教育部门要组织区域内中小学开展心理健康测评，用好开学重要时段，每学年面向小学高年级、初中、高中、中等职业学校等学生至少开展一次心理健康测评"。地方教育局每年也会下发文件，要求做好当年的心理普查工作。

从危机干预层面来说：因为初中生不是一张白纸，前面已经历了小学六年的学习生活，同时在小学高段就已经进入青春期，有部分学生可能小学就产生或存在心理问题或心理疾病。一开学我们就做心理普查，在一定程度上可以筛查出这部分群体，及时做好危机早期识别与预防工作。

从心理老师个人发展来说：对于只有一个年级的新学校来说，所有老师都是初来乍到，所有学科在一定程度上也是在同一条起跑线上，学校希望每个学科都能出彩，做好心理测评工作有助于学科发展，也有助于心理老师个人在学校的发展。毕竟，这是心理老师职责内覆盖面最广的一项工作。

针对新学校要开展的心理普查，可以从以下几方面入手：

1. 获得校领导的支持。

（1）首先，我们要草拟测评方案，方案包括：①测评目的。②测评工具。建议在第三方机构直接购买测评系统（如果没条件购买，可以联系公众号"心理老师成长联盟"的冬雨老师，免费试用系统）。也可以根据自己想要了解的或当地教育局的要求选择量表进行测评。市面上有很多种问卷量表，比如MHT。③测评时间。④测评地点。如果是系统测评，可选择在机房。⑤测评对象。⑥测评需要参与的人员。注意：一定要把整个工作涉及的人员都写进方案，便于后续工作的开展。⑦测评的后续处理。测评方案

也可以从公众号"心理老师成长联盟"中找到参考。

（2）将方案提交给校领导审核通过。领导通过后，就可以召开专门会议，从行政层面给测评工作涉及的老师安排任务。

2. 施测环节。

（1）施测前，心理老师要对施测人员进行培训。比如将测评时的指导语以及上网测评的具体方法等教给施测人员（一般是各班班主任和信息老师）。我们学校是培训信息技术的老师，然后利用信息技术课进行测评。

（2）施测中，心理老师做统筹工作，同时需要在测评过程中拍照存档（过程性佐证资料，后续有用），注意隐去学生的面貌（隐私处理）。

3. 测后工作。

（1）普查后，心理老师导出数据，整理出分级预警名单进行面询，排查哪些学生需要二筛或需要重点关注（如果你时间有限，可以先筛选危机等级更高的学生）。

（2）如果普查结果显示预警人数居多，除了危机等级最高的学生之外，把这部分学生的名单反馈给班主任，让班主任通过平时的观察，再评估出需要重点关注的学生，然后由心理老师面询。

（3）针对心理问题一般的学生，心理老师可以做心理辅导；若是发现存在心理高危的学生，心理老师需要组织家校联席会议，说明情况后，及时推荐家长转介到专业心理医院。

注意：有些学校在普查前会写一封告家长书，让家长知晓并获得知情同意后再做测评。每个地区和学校的操作有所不同，如果具备条件还是要做普查。整个普查工作完成后，需要向领导汇报此项工作的结果。领导需要了解整体数据情况，筛查出来的需要重点关注的学生是否有相应措施跟进，以及是否需要领导介入等事项。

补充知识点

MHT：心理健康诊断测验（Mental Health Test）的缩写。MHT是由华东师范大学心理系周步成对日本铃木清等人编制的"不安倾向诊断测验"修订而成的，包含了中国常模。该测验由学习焦虑、对人焦虑、孤独倾向、自责倾向、过敏倾向、身体症状、恐怖倾向和冲动倾向等八个内容量表构成，测题量适中，覆盖面广，筛选率高，具有较高的信度和效度。

我的思考与经验

73. 如何准备开展心理普查的家长动员会？

适用对象：心理老师　　　**适用场景**：教室、讲座

洪洁州 回答

> **匿名 提问**：学校即将开展心理普查，普查前需要开家长会告知家长，家长会包括哪些内容？需要家长签字确认同意筛查吗？有没有相关资料可以参考？

你应该是想问心理普查动员该怎样开展？

动员是非常有必要的，尤其是针对未成年学生。家长动员该怎么做？首先需要明确，心理普查并不是心理老师一个人的事。所以，心理老师可以提前将心理普查方案、筛查的时间、步骤，以及需要班主任、信息老师等配合完成的工作告知分管领导，由分管领导统筹布置。家长动员会可以由班主任根据统一的培训和课件向家长宣讲，并发放"知情同意书"。心理老师需要提前准备好课件、知情同意书、家长信息问卷（辅助筛查时分析家庭背景的关联信息），并组织一次集体的班主任培训，教会他们如何跟家长宣讲。

家长动员会的内容包括：

1. 必要性和重要性。关于必要性，可以引用政策文件，如《教育部办公厅关于加强学生心理健康管理工作的通知》；关于重要性可以引用相关权威数据，引用当下热点社会事件新闻，也可以引用"心理健康蓝皮书系列"《中国国民心理健康发展报告（2020—2022版）》的数据来强调重要性。

2. 消除家长对心理测评的认知误区，去除病耻感。比如家长应该怎样看待普查和普查结果？普查就像体检，测评结果≠心理问题，需排查，有心理问题≠孩子有问题。

3. 介绍此次普查的重要内容及回应家长的顾虑事项，如：会不会存档案，会不会影响升学，会不会让别人知道影响人际关系，后续的工作是什么，如果不同意会怎样等

问题。

注意要点：

1. 学生父母填写的家庭信息表上，基本关注的信息是：身体健康、学习情况、过往心理或精神病史、对父母不喜爱、父母关系离异不和、家庭氛围不和谐、家庭存在经济困难等。

2. 为了增加同意的比率，建议将《知情同意书》改为《告家长的一封信》，家长签名后给回回执。

3. 赢得班主任的支持。可以在普查方案中向领导申请给班主任加班课时。在培训的时候，告诉班主任心理普查结束后，我们会针对他的班级出一份心理普查反馈报告，并给出相应的建议，还会提交一份班上需要重点关注学生的名单。

同行补充

匿名用户： 感谢老师的细致解答，让我的思路清晰了许多。还有两个问题想请教：1.如果家长不同意心理普查，我该怎样做？2.心理普查完成后的工作，要如实告知家长吗？如果家长要求看孩子的心理普查报告应该怎么办？

洪洁州： ①如果在宣讲沟通结束后家长仍然不同意签《知情同意书》，我们先强调不参加普查会有哪些隐患，同时尊重家长的意见。要将未参与测评的学生名单通过班主任上报，心理委员日常要留意观察这些学生，做好跟进的机制。②可以向家长反馈基本流程和信息，无须详细说明。

补充知识点

《知情同意书》，是开展心理测评前向家长征求同意的授权凭证。文本参考如下：

亲爱的同学（尊敬的各位家长）：

您好，在开始测评前，请先阅读并签署这份同意书。

在您（或者您的孩子）参加本次测评前，有以下几项注意事项需要告知您：

1. 本次测评由学校统一组织开展，测评结果将由学校进行存档保密保管。

2. 测评前，请核对个人基本信息，并对您的其他信息进行完善。

3. 测评中，您只需要根据个人感受真实地完成测评，以得到准确的测评结果。

4. 测评后，心理老师可能会随机抽取一部分学生进行访谈，主要是为了结合测评结果了解学生的心理状况，请予理解和配合。

5. 保密原则与保密例外。

我明白以下事项：

1. 关于我个人信息、测评结果等，学校与公司平台都会保密。

2. 除以下两种情况外，任何例外都必须事先与我讨论并经过我同意和签名。

（1）学校会视情况与专业心理工作者讨论测评结果，这是为了使他（她）们能更好地帮助到我。但我的个人信息、测评结果等，都会严格保密。

（2）如若从测评结果中发现受测者有威胁自身或者他人生命安全的风险，学校会向有关单位和个人报告，但学校会事先告知受测者或其监护人。

免责声明

我确认以下事项：

1. 本测评结果仅作为当下状态的评估，不能予以定性。

2. 测评员、学校及平台公司不对任何测评的内容、解析或评估承担任何责任。

3. 参与测评后若发生极端行为，测评员、学校及平台公司不承担任何责任。

我已认真阅读，明白并同意以上所有内容。

学生签名：　　　　　　　　学生监护人签名：

日期：

我的思考与经验

74. 是否应该给学生看心理测评结果？

适用对象：心理老师、班主任　　**适用场景**：讲座、知识科普

乔翠翠 回答

> **匿名 提问**：学生能在全校的心理测评系统上查看自己的测评结果吗？

据我所知，很多购买了测评系统的学校是不给学生查看测评结果的。有些学校的心理测评是老师自己利用一些测评网站（如问卷星等）获取数据后自己分析的，也不会对学生开放测评结果。有些学生对自己的测评结果感兴趣，但是测评系统直接出的结果都是套用模板，学生看完还是疑惑重重，老师需要再花一堂课的时间为学生讲解如何看待心理测量结果。还有一些学生看到测评结果后会主动预约咨询，因为担心自己有问题。这对老师来说也是额外的工作量，容易对学生造成困扰。所以我建议老师在测评前做好科普，并明确告知学生"测评结果出来后，如果某些同学需要，可以找老师详谈"。

同行补充

冯荫：通过我在实践中的观察，最好对小学高年级的学生做静态测评，非常不建议给他们看结果，因为这既有可能让他们过分解读，也会因互相传播造成不好的言论。

我的思考与经验

75. 对疑似心智发育水平低的三年级学生开展测评，该如何选量表？

适用对象：心理老师　　**适用场景**：教室、辅导室

陈银欢 回答

> **匿名 提问**：小学三年级的孩子，规则意识很弱，甚至在老师非常生气地批评他时，他也笑眯眯的，对于自己的错误毫不在乎；对是非的判断力也很弱。我怀疑孩子的心智发育水平很低，请问有没有相关的量表可以测量孩子的心智发育成熟度？Piers-Harris儿童自我意识量表不太适合，麦卡锡的能力量表又找不到相关测试。

以小学三年级学生现阶段认知水平，无法恰当地理解量表题目的意思，所以不能起到甄别作用。根据你描述的这位三年级孩子的情况，我建议与家长沟通、了解孩子的成长发育过程。心智发展受多方面因素的影响，如生长发育迟缓。建议家长带孩子到正规医疗机构进行评估和诊断，医院的心理科可以提供智力测评并有针对性的干预方案。

中小学心理健康量表主要包括心理健康诊断测验（MHT）、心理健康自评量表（SCL90）、Achenbach儿童行为量表（此量表提供教师版和家长版）。

此外，需明晰心理老师的工作职责。心理健康普查是一般性评估，针对中小学生需要谨慎使用。《广东省教育厅关于中小学校心理健康教育工作规范指引》中规定：对个别有严重心理疾病的学生，或发现其他需要转介的情况，能够识别并及时转介到相关心理诊治部门。学校要按照教育部《中小学心理辅导室建设指南》（教基一厅函〔2015〕36号）的要求规范心理辅导室建设和遵守辅导伦理。开展心理辅导必须遵守职业伦理规范，在学生知情自愿的基础上进行，严格遵循保密原则，保护学生隐私，谨慎使用心理测试量表或其他测试手段，不能强迫学生接受心理测试，禁止使用可能损害学生心理健康的仪器，要防止心理健康教育医学化的倾向。

我的思考与经验

76. 对预警学生访谈，记录不完整，我需要担责吗？

适用对象： 心理老师　　**适用场景：** 辅导室

翁卓祺 回答

> **匿名 提问：** 我是一名刚入职的中学心理老师。我们学校有1000多人，但只有我一个心理老师。最近全校心理测评筛查出100多个重点预警学生。鉴于人数比较多，我一个人忙不过来，就从中筛选了50来个学生进行访谈。我现在很焦虑，晚上睡不着觉，一是对于这50来个预警学生的访谈我没有做好记录；二是担心没有访谈到的50多个学生出问题，万一学生出现危机事件，我会被诉讼或被学校辞退吗？

你一定是一位特别认真负责任的老师，才会有这这样的担心和忧虑。其实你没有必要如此焦虑，因为这些情况大概率不会发生。你是千人学校的心理老师，我的学生数量是你的四倍。关于日常工作我有一些经验和你分享，供你借鉴。

首先，你重点筛选50多个严重的学生亲自访谈，这是对的，但记录一定要写，哪怕是最简单的表格填写。如果对学生的情况回想不起来，可以找个理由再约谈一次，比如心理测评的"随机追踪反馈"，课间十分钟时把学生叫过来简单问几个关键问题，把记录补上。

其次，其余没访谈到的学生，我们可以向学校领导汇报心理测评的情况，申请召开班主任会议，将预警访谈的一部分工作交给对学生最熟悉的班主任。在会议上教他们如何访谈；甚至可以直接分享一份访谈话术，让班主任照着提问、填写。班主任访谈后，如果觉得哪个学生情况特殊，可以联系你做进一步的个体辅导。这也是一个让你和班主任相互熟悉的好机会，方便日后工作配合。

最后，对于你担心的学生极端事件，我们只需尽自己最大的努力完成分内之事、留下工作痕迹就好。每一个学生都是独立的生命个体，他们也要对自己的生命负责，我们不必为不确定的事情惴惴不安。

同行补充

冯荫： 很多心理老师都面临案例中的困境，可以参考以下工作思路：心理测评结果出来后，由德育处主任牵头在班主任会议上告知班主任对本班预警名单进行第一轮访谈。心理老师确定各班预警名单并交给班主任，由班主任定期（如一周内）完成班级预警学生的第一轮访谈，可以给班主任列好简单好操作的访谈结构：询问学生目前是否在学习、生活上有困难？睡眠、饮食、家庭变化等情况，可以设计成表格由班主任填写，提醒班主任多倾听，少说教。经过第一轮访谈，班主任把需要转介心理室的学生交给心理老师，心理老师再根据情况进行干预。这样访谈评估会比较全面，减少心理老师的工作压力，班主任也能对自己班级的预警学生的心理状态有更深入的认识。

我的思考与经验

77. 学生MHT测验分数有三种因子超过了正常范围，该如何处理？

适用对象：心理老师　　**适用场景**：辅导室

闫芳 回答

匿名 提问：对学生进行中学生心理健康诊断测验（MHT）后，学生的测验分数中有三种以上的因子分数都超过了正常范围，也就是大于8分，对此心理老师该如何处理？需要该生重新测验一次吗？这是否说明该生心理问题较为严重？

关于心理问卷的异常数据，通常我们不需要进行重复测试。问卷测评只是心理筛查的辅助工作，不要过度依赖。当出现异常数据后，我们先完成以下几个工作：

1. 召开班主任会议，组织班主任培训。主要培训内容有三点：一是宣讲学校关于问题学生的处理及心理危机干预的机制和流程。二是培训班主任学会识别和评估基本心理问题。三是告知班主任应对问题学生的基本原则和基本方法。

2. 一对一向班主任反馈各班心理测验的结果。对于异常数据，建议班主任一一甄别和评估，如果是由于答题不认真造成的数据异常可以不做处理。如果班主任结合日常管理和教学工作，认为该生确实有心理问题，需填写特殊关爱学生档案，并反馈给心理老师。

3. 心理老师汇总所有班主任反馈的各班问题学生的档案。团队分工，分别对这些学生进行一对一访谈和评估。

4. 根据评估结果，结合问卷测评结果，对所有问题学生进行分级追踪管理。对于短暂情绪困扰的学生，心理老师可以定期预约咨询回访。对于已经出现精神障碍表征的学生，应及时转介到有资质的心理机构做进一步诊断和治疗，同时心理老师做好回访工作。

同行补充

秦荣彩（高中专职心理教师、陕西师范大学心理学硕士，曾获省级心理教师基本功大赛一等奖）：1. 测评一般只是针对学生一段时间内的心态，不要过度依赖。要结合班主任的观察、反馈，对高分预警学生开展访谈评估，了解学生真实想法和情绪变化，结合实际开展干预指导。

2. 重视家校合作。心理老师指导班主任与家长取得联系，可通过家访了解孩子的生活环境、情绪变化；指导班主任普及家庭心理教育，提高家长对学生心理危机的识别与处理能力。

3. 经学校心理危机评估小组评估，认为已超出学校辅导范围的学生，建议通知家长及时转介，同时需要做好与家长的协商、沟通工作，并保存好书面记录与录音资料。

我的思考与经验

78. 如何应对普查后班主任的提问？

适用对象：班主任、心理老师　　**适用场景**：教室、辅导室

鲁洁 回答

> **匿名 提问**：以下是我的疑惑：如何识别"心理问题学生"？如何与"心理问题学生"打交道？这也是在工作中经常被班主任问到的问题。我会根据心理筛查结果告诉班主任某某学生需要多加关注，班主任就会有疑问，"要怎样关注才叫关注？注意事项有哪些？"等等。我自己对这些问题也不是很清楚。

因为班主任没有相应的知识储备，所以会有疑问。基于此，我们可以给全校班主任做一场关于"心理危机问题的识别与干预"的相关主题培训，可以由学校的心理老师来开展这个培训，或者建议学校邀请专家到校培训。自己开展培训可以参考同行分享的讲座的逐字稿和思路，公众号"心理老师成长联盟"中有相关资料。如果培训后还有班主任询问一些基础问题，你可以根据心理健康的标准来回复。如果一个学生过分偏离这些标准，在一定程度上是有问题的。关于心理健康的标准有很多，比如世界卫生组织提出过心理健康的标准，林崇德提出过中小学生心理健康/不健康的两大指标等。

对问题学生的关注，班主任可以从这几方面入手：

1. 关注生理变化。班主任要关注学生的饮食、睡眠、运动等生理情况，因为身心相连。

2. 关注学业变化。班主任要关注学生的学习成绩、学习态度等学业变化，如果与以往相比有很大变化，就要引起重视。

3. 关注人际关系变化。班主任需要关注学生的社交圈、朋友圈等人际关系变化，因为人际关系可以反映学生的心理状态。

4. 积极沟通，建立信任。班主任需要积极地表达对学生的关心和关爱，积极帮助学生解决问题，建立起学生对老师的信任感。

5. 家校合作，及时反馈。班主任需要和家长保持良好的沟通，让家长明白当学生遇到问题时，要立即和老师沟通，寻求解决办法。此外，班主任还可以通过家访等方式，对需要关注的学生进行更加细致的观察，并建立个人成长档案，以便更好地梳理学生的心理情况。

6. 定期谈话跟进。一旦发现学生有心理问题或情绪变化等，班主任需要及时了

解，选取恰当的谈话角度，引导加鼓励，获取学生信任。如果学生的问题超出自己的能力，要及时告知心理老师，进行转介。

7. 平常心对待。学生有心理问题并不代表学生有问题，班主任也需要去除对心理问题的"病耻感"，这样才能做好前面六点；否则，容易适得其反。

我的思考与经验

第九章
策划心理主题活动

79. 如何区分心理问题和行为问题？如何向班主任科普？

适用对象： 心理老师、班主任　　**适用场景：** 教室、讲座

王雅 回答

> **匿名 提问：** 任职专职心理老师后，我发现一些班主任对自己管不了的学生和班级有点推卸责任，认为是心理老师工作不主动、不作为。据我观察，学生的问题有的是单纯行为习惯问题，有的是心理问题，要如何给班主任科普，让他们自己能有清晰的判断标准？

确实，在处理学生问题时，班主任和心理老师需要有一个明确的判断标准，以便更好地协作解决问题。以下是一些建议，可以帮助您向班主任科普判断标准：

1. 首先要明确学生问题的类型，包括行为习惯问题、心理问题和综合问题。行为习惯问题通常表现为不良的行为习惯，如迟到、旷课、不完成作业等；心理问题通常表现为情绪、认知和行为方面的变化，如焦虑、抑郁、自卑等；综合问题可能是由心理问题或外部环境引起的行为异常。

2. 针对不同类型的问题，需要采取不同的处理方式。对于行为习惯问题，班主任可以通过日常管理和思想教育来纠正学生的不良行为；对于心理问题，心理老师可以提供专业的心理辅导和咨询，帮助学生解决情绪、认知和行为方面的问题；对于综合问题，可能需要班主任和心理老师共同协作，寻找问题的根源并采取相应的措施。

3. 要让班主任认识到心理老师的作用，包括提供专业的心理辅导和咨询、协助班主任解决学生的心理问题和促进学生的心理健康发展。心理老师的工作并不是不主动和不作为，而是需要更加专业和细致地处理学生的心理问题。

4. 向班主任提供培训和支持，帮助他们更好地识别和处理学生的问题。例如，可以组织学生问题处理的培训课程、邀请专家讲座、开展班主任沙龙等，让班主任了解更多的处理方式和技巧。

通过这些措施，可以让班主任更加了解学生的问题和处理方式，并与心理老师更好地协作解决问题。当然，平时私下关系的维护，也是很重要的。

同行补充

邓秀平（专职心理教师、高级教师、国家二级心理咨询师、中山市骨干教师）：班主任和心理老师要明确各自的职责，班主任主要管理学生的日常和学习，心理老师则关注学生的心理健康。这样分工明确、共同协作，教育效果会更好。

我的思考与经验

80. 如何打造一个既能促成学生改变，又有吸引力的心理社团？

适用对象：心理老师、班主任　　**适用场景**：文书工作、教室、社团活动室

谢晓燕 回答

> **匿名 提问**：目前我负责两个心理社团，分布在两个校区。一个社团的成员是一至三年级的学生，主要以一年级各班习惯不好的学生为主；另一个社团的成员是四至六年级的学生，基本都是四年级学习成绩不好的学生。我想请教的问题是，该如何选择社团活动的内容，形成助力，促进学生改变？同时我也希望让别的老师看到社团的吸引力。

心理社团活动需要有清晰的定位，围绕这个定位开展社团工作。问题中提到的心理社团，更像是需要进行团体辅导的小团体。

首先，要围绕对象进行目标设置。你可以先思考一下，自己希望通过社团活动达到什么效果？面对以一年级各班习惯不好的学生为主的学生团体，是希望改善他们的习惯，还是让学生更适应学校的生活？面对四年级学习成绩不好的学生团体，是提升他们的学习动力，还是教会他们学习方法，提高学习成绩？目标不一样，活动设置也就有所不同。我建议老师先在学生中进行一次调查，看看学生自己参与社团的期望是什么，然后结合学生的希望来进行目标设置。

其次，面对低年级学生，尤其是一年级学生，我们可以多采用直观的活动形式，

如观看影像资料和阅读绘本，挑选适合低年级学生欣赏的电影和绘本，如动画片《狮子王》《小猪佩奇》等，绘本《我的情绪小怪兽》《你好，月亮》等。同时，可以采用体验式的活动设置，让学生在活动中有所感触，从而实现由游戏体验迁移到实际生活中的运用。

面对中高年级成绩不好的学生，则要了解其成绩不好的背后是缺乏动力，还是学习方法不对，抑或是其他原因造成的成绩不理想，要抓住共性的问题来进行解决。如果缺少学习动力，可以先和学生探索在他们眼中，学习究竟是什么？引导学生认识学习本身是一个广义的概念，囊括的是社会经验的积累，而不仅仅是学业知识。然后再和学生探索动力来自何方，制作动力气球——就是让学生每当想起一个为之而学习的原因，如为了父母的表扬而学习，就画一个动力气球，并将这个原因写在上面，有两个原因就画两个气球，以此类推；最后，小组一起讨论有没有保持动力的方法等。如果是学习方法出现问题，则可以带领学生一起探索学习的小妙招，巧妙的记忆方法等。

对于社团如何吸引其他老师参与，这就离不开我们的宣传。可以将活动中学生制作的一些小成果进行展示和分享，前提是征得学生的同意。也可以通过心理宣传栏、自身的朋友圈，将近期开展的小活动分享出去。主动和社团成员所在的班级老师联系，交流学生近期的信息，也是一种有力的宣传方式，让其他老师了解我们正在做的事情，对这方面感兴趣的老师自然而然就会被吸引进来；如果学生发生实实在在的变化，那更是心理社团一张靓丽的名片。

所有工作应回归到本质，就是通过踏实的活动设计引导学生发生变化，这是社团最有说服力的"证据"。

我的思考与经验

81. 心理社团应该怎样建立及维护呢？

适用对象：心理老师　　**适用场景**：教室、辅导室、体育馆、操场

陈曦 回答

专职心理教师、一级教师、学校督导评估部主任、重庆市南岸区教育学会家校社共育研究会副秘书长。

> **匿名 提问**：学校要开设心理社团，心理社团可以做些什么呢？心理老师该怎样系统地建立心理社团并维护好它？

1. 明确目标和定位。学校心理社团的主要目标是促进心理健康宣传，帮助学生提升心理健康水平和助人自助的能力。作为由专职心理老师指导和参与的学生组织，心理社团应充当心理老师的得力助手，传播阳光心理，为同学们提供心理支持和帮助。

2. 社团成员招募。在招募社团成员时，应优先考虑对心理学感兴趣、有爱心、乐于助人、有责任心、热心公益的同学。这些特质将有助于社团成员更好地实现"助人自助"的目标。找对人，才能做对事。

3. 社团活动的具体安排。

（1）时间安排：社团应设定固定的集中时间，特别是在社团成立初期，团建工作尤为重要。此外，还应安排破冰活动，加强团队成员之间的联系。

（2）活动内容：结合心理老师的专长，开展趣味性的心理活动，如心理卡牌、团体沙盘游戏、绘画心理、心理剧等。这些活动有助于学生在体验中提升"悦己达人"的能力，并在学校开展心理健康活动时发挥积极作用。同时，老师在每次活动前应明确目标和内容，准备好所需材料，营造开放、尊重、坦诚、接纳的团体氛围。以绘画心理为例，可以采用"房树人""雨中人""盐说情绪"等主题，既可以是个人的绘画，也可以是二人合作画、小组合作画等形式。活动结束后，分享环节至关重要，一定不要忽视这个环节。

总之，学校心理社团是一个致力于提升学生心理健康水平和自助能力的组织。通过明确的定位和目标、有效的招募以及丰富多彩的活动安排，心理社团将为学生提供宝贵的心理支持和帮助。

同行补充

王雅： 我所在学校的心理社团已经开展了14年，我深刻认识到社团文化的重要性。一个社团的文化应该既符合学生的特点，又与学校的教育理念相契合，包括社团的Logo等形象设计。社团文化既能够增强学生的凝聚力，又可以使他们更加热爱自己的社团。另外，不知道你所在的学校是中学还是小学？心理社团还可以邀请学生参与到社团的常规活动和特色活动中来，例如每年五月份常规开展的心理健康活动月宣传活动，使学生在参与过程中，有持续性的收获感。这样不仅可以提高学生的参与度，还可以增强他们的心理健康意识。

📝 补充知识点

助人自助：是社会工作的核心理念，帮助求助者从"依赖他人"转变为"自我赋能"，成为自己命运的主宰，同时，"助人自助"是一种双赢的策略，在助人的过程中也需要自我成长，同时也能为自己创造更多可能性。

我的思考与经验

---

82. 如何在小学开展"5·25"心理健康日活动？

适用对象： 班主任、心理老师　　**适用场景：** 教室、体育馆、操场

陈银欢 回答

匿名 提问： 如何在小学开展"5·25"心理健康日活动，关于学生的如何开展？关于老师的又如何开展？

以广东省为例，围绕心理健康活动日提供以下活动内容建议，各校可结合自身实际参考开展。

1. 开展一次心理健康教育主题班会课。以班级为单位，由班主任或心理老师开展

一次心理主题班会课，针对学生可能出现的心理困扰和行为问题，帮助学生掌握心理调适方法，塑造积极向上的成长型思维。

2. 开展一次校园心理情景剧展演。开展校园心理剧编写、展演等活动，为学生提供探索内心的舞台，提升学生自主互助能力，增强守望相助意识。

3. 开展一次心理健康知识宣传活动。充分利用黑板报、宣传橱窗、标语横幅、心理漫画、心理小报、校园广播、知识竞赛、微文网文等方式广泛宣传，营造关爱学生心理健康的浓厚氛围，为学生身心健康、和谐发展创造良好环境。

4. 开展一次心理健康教育知识讲座。面向班主任、学科教师等全体教师举办心理健康教育知识讲座，普及心理危机预警知识，促进教师有意识地关注学生心理健康，了解学生发展的一般规律，掌握解决学生日常问题的方式方法，提升教师心理健康教育能力。

5. 开展一次家庭教育指导活动。依托家委会、家长、学校等资源，通过家长会、家长讲座、家教沙龙、致家长一封信等活动形式，利用网络微课、宣传推文等方法，向家长传递正确的心理健康知识和科学的家庭教育理念，帮助家长改善亲子关系，促进家校协同，共同加强学生心理健康教育和心理危机预防干预工作。

6. 开展一次学生心理健康状态动态摸查。开展动态监测，掌握学生心理健康状况，对重点人员实施"一人一策"教育疏导及危机防范，确保工作落到实处。

同行补充

冯荫： 根据小学生的认知特点，设计趣味心理游戏、游园活动或团体协作的拓展活动，既可以增加趣味性，也可以给学生增加心理知识的科普。针对教师群体，可以开展一些艺术类表达的团体辅导活动，例如心灵涂鸦、教育戏剧等等，让老师们获得宣泄与放松。

我的思考与经验

83. 如何鼓励高一学生参加班级心理委员竞选？

适用对象： 心理老师   **适用场景：** 教室

黄珊珊 回答

中学专职心理教师、硕士、国家二级心理咨询师、中山市优秀教师，曾获广东省第三届中小学心理教师专业能力大赛一等奖。

> **匿名 提问：** 高一年级选举班级心理委员，没有学生主动参与竞选。平时学生也只愿意参与集体性活动，比如写卡片，需要个人分享时没人愿意出声。如果没有一个学生参与竞选，心理委员要怎么选呢？

高一学生在课堂上表现不积极是很正常的，尤其是当需要学生个人分享时，主动的学生可能会更少。学生喜欢在群体中叽叽喳喳，但若单独被请出来就不愿意回答。这是因为他们已经有了非常强烈的自尊意识，对人际关系也比较敏感，担心自己的发言不够安全，给别人留下可议论之处。再往深层追究，这是学生闭锁性的表现。另外，高中的学业比较紧张，学生对于心理委员的竞选、心理课的表现等重视度不够，不想"浪费"他们宝贵的学习时间。针对中学生课堂上不愿意主动分享的情况，可以不点名、不强调主动性，按照学生的学号或者座位，用开火车的形式让大家都参与分享，并且向他们强调分享的安全性，注意课堂氛围的创建。这样一来，在一个学期的心理课中，每个学生都能有机会表达自己的看法，既体现公平又避免尴尬。

就你所说的心理委员竞选的问题，我所在的学校做法如下，希望可以给你一些参考：

1. 由心理老师提供心理委员的选聘方案（包括岗位要求、职责等），年级通知班主任选定（班主任更加了解学生，也更能让学生信服）。心理委员也算作班委。
2. 召集心理委员进行培训，一学期一到两次，定期交班级心理动态监控表格。
3. 学期末对心理委员进行评奖，颁发奖状或发小礼品（奖状盖章）。

同行补充

王雅： 我们可以在校园内定期举办心理健康教育活动，比如开学适应性活动，邀请已经担任过心理委员的学生作为组织者，让高一学生近距离接触心理委员。此外，还可以通过其他途径来宣传班级心理委员的重要性和作用。比如，通过在校园内张贴海报或宣传画、校园广播等，向学生们介绍班级心理委员的角色，了解其工作内容和职责。通过这些宣传活动和途径，可以增强学生对心理健康的认识和重视，同时也可以激发更多学生参与竞选心理委员的热情和积极性。

我的思考与经验

84. 小学高年级应该怎样用好心理委员？

适用对象：心理老师　　**适用场景**：教室、文书工作、讲座

陈银欢 回答

匿名 提问：我主要负责小学五六年级的心理课，任教的班级较多，所以想在每个班挑选一个学生当心理委员，协助我开展活动和观察班里日常心理情况。但是考虑到小学生的年龄比较小，实际上不知道应该怎么操作。请问老师，小学高年级应该怎么样用好心理委员呢？

初高中设立心理委员的目的主要是监测学生心理动态，及时上报心理老师和班主任，而在小学高年级设立心理委员实现这一功能略有难度，但小学高年级心理委员在心理老师的支持下仍大有可为。

1. 从心理委员发挥的作用来说，主要有以下几方面。

（1）协助心理老师宣传学校心理健康知识，例如负责心理校报资料收集和整理，校园广播心理知识的宣传，学校国旗下心理主题讲话，主持心理班会课，开展辩论赛等。

（2）开展心理主题兴趣社团，例如以编排心理剧或拍微视频为主要活动的社团，开展家庭心理小调研社团、心理绘画社团等。

（3）协助心理老师上课，收发心理作业。

（4）打造心理委员阳光少年榜样力量。

（5）告知班级同学有心理困扰联系心理老师，负责预约登记。

2. 结合学校支持程度，可以借鉴两种小学生心理委员模式开展工作。

（1）家校合作模式。很多学校会设有家长委员会，心理委员有时需要获得家长委员会支持协同工作，如编排心理剧或制作心理报纸。由心理委员、家委会和心理老师组成心理宣传队伍能增加学校心理知识的宣传力度。针对小学高年级学生有主持、舞蹈表演、电脑制作方面特长的，可以发展成为心理广播员、心理报纸制作小能手等等。争取家长支持是小学心理老师工作顺利的关键要素。

（2）社团工作模式。拓展课程是学校校本课程的一部分，结合学校的要求和心理老师所擅长的方面开设主题心理社团。心理委员参与拓展课程形成心理课程成果，如心理剧、心理视频、心理画展等能带动校园心理宣传文化，形成独特心理社团品牌。

同行补充

冯荫：小学高年级心理委员重点的职务之一是提前发现同伴的心理危机信号，为预防校园危机事件的发生作出贡献。我们可以与班主任一起挑选性格较活泼开朗、与同学关系较好的学生承担心理委员的工作，并定期培训，提升其专业性。

我的思考与经验

---

85. 学校让我开一节预防校园欺凌的公开课，我该怎么上好这节课，从哪个角度入手？

适用对象：班主任、心理老师　　适用场景：讲座、教室

鲁洁 回答

匿名 提问：我是一名新老师，刚开始上心理课，学校让我准备一节预防校园欺凌

的公开课，这让我挺头大的。我以前没怎么接触过这方面的内容，不知道该怎么下手。我觉得学生们可能对这个话题不太感兴趣，我想问问您有没有什么办法，能让这节课变得更有趣一些？我想过用多媒体，比如放一些视频或者动画，或者设计一些互动环节，比如小组讨论或者角色扮演，但我不知道这样会不会太严肃了，学生们会不会觉得无聊？我还挺担心怎么选课题，是讲欺凌者的心理，还是讲旁观者的心理？还是两个都讲？

准备一节关于预防校园欺凌的公开课确实是一个重要且敏感的任务，因为它涉及学生的安全和心理健康。以下是一些建议，希望能帮助你设计一节既有趣又富有教育意义的公开课。

首先是课题内容选择方面：一堂课只有40分钟左右，校园欺凌的内容很多，涉及欺凌者、被欺凌者、旁观者，如果一堂课每个方面都讲，那只能普及知识，浮于表面，学生的感受性不深，所以我们可以选择小切入口来设计课程。课题选择可以从以下三个切入口入手。

（1）欺凌者的心理：简要介绍欺凌者可能的心理状态，如自卑、缺乏安全感、模仿行为等。

可以通过角色扮演或小组讨论的形式，让学生模拟欺凌者的心理，从而更深入地理解这一群体。可以播放模拟法庭的情景剧，让学生知道欺凌者的行为最后是害人害己，通过这节课认识到自己不能成为欺凌者。

（2）旁观者的心理：强调旁观者的重要性，指出他们往往有能力阻止欺凌事件的发生。分析旁观者可能的心理状态，如害怕、不确定如何行动等，并讨论如何克服这些障碍。可以设计一个互动环节，让学生扮演旁观者，模拟在不同情境下如何做出正确的选择。

（3）被欺凌者的心理：了解被欺凌者的心理状态，在小组讨论中穿插介绍被欺凌者可能的心理创伤，在日常生活中如何识别自己是否被欺凌了，以及有效的应对方法。

虽然有三个切入口，但在每节课中也可有交叉的内容，注意一定得有重点。

然后是教学方法的选择。课堂要想有趣，学生的参与度高，除了老师的个人素养外，还应能与学生建立起友好、包容、安全的课堂环境。还可以使用多媒体资源，如视频、广告、纪录片，要确保所选资源适合学生的年龄和认知水平，避免过于暴力或恐怖的内容。在互动环节中，使用小组讨论、角色扮演、互动游戏，都是可行的。如角色扮演中，还可以增加老师和家长的角色。互动游戏中，可以设计一些轻松、幽默的对话。

最后在课堂中有以下一些需要注意的事项。

（1）避免过度渲染：在介绍校园欺凌的严重性时，要避免过度渲染或夸大其词，以免给学生带来不必要的恐慌或焦虑。

（2）关注个体差异：在设计课程内容和教学方法时，要充分考虑学生的个体差异，尽量让学生都能从中受益。

（3）确保课堂安全：在讨论敏感话题时，要确保课堂氛围安全、积极，避免引起学生的不适或反感。

（4）强调正面信息：在课程中要强调正面信息，如如何预防欺凌、如何帮助被欺凌者等，以传递积极、健康的价值观。

第十章
危机的预防、预警和干预

86. 听说学校心理危机干预工作很难做，有哪些客观存在的难题？

适用对象：心理老师、班主任　　**适用场景**：教室、辅导室

洪洁州 回答

> **匿名 提问**：我听说学校心理危机干预工作比较难做，有哪些现实中客观存在的难题？

目前，学校关于学生心理危机干预的工作都是强调重在预防，这就需要家、校、医协同，仅仅靠学校一方努力是不够的。

我们先看医院层面。目前像抑郁症之类的心理疾病尚未完全纳入医保的门诊，即便是严重的精神障碍类疾病，纳入医保后个人需要承担的比例依然较高。比如广州医保局公布的三级医院普通门诊心理治疗最高收费200元，按三级医院门诊50%报销比例，患者家庭需支付约100元，而且心理治疗需要多个疗程，对于一般家庭来说，依然是一个不小的负担。

另外，目前有资质的医院心理科门诊的资源条件依然不够充足。国家卫生部门制订的全国社会心理服务体系建设试点方案提到，到2021年底试点地区要逐步建立健全社会心理服务体系；2020年卫健委指出，20%的二级以上综合医院需开设精神心理门诊。2021年这一比例提升到40%，此外辖区内100%的精神专科医院需要设立心理科门诊。除了医疗机构外，重点工作任务中还指出，要搭建基层的社会心理服务平台。到2022年6月全国能提供心理门诊的机构已经有5936家，比2010年增加了205%。2019年6月由国家卫健委公布的300家达标县医院的基本标准中指出，目前我国县域医院的精神科达到基本标准要求的占比仅为22.8%，而病理科和精神科除外，其他相关科室均已达到基本标准60%及以上的要求。具备心理诊疗能力的心理医生和心理门诊仍然不足。

我们知道，学校心理危机干预工作按风险等级进行分类预警。学校希望把心理问题严重、有自杀自伤或伤害风险的学生转介到更专业的心理机构或医院进行诊断和治疗，但医院既没条件也没主动性去承接这么多的需求。

我们再看回学校方面。现在大家都知道儿童、青少年心理问题越来越严重。只有彻底改变儿童青少年的生活状况和学校的教育生态，才有可能做到重在预防，而不是等学

生发生严重心理问题后再事后处理。2023年《心理咨询理论与实践》杂志发表了一篇关于青少年厌学程度及原因调查的文章，其中数据显示：63.6%的学生有中等厌学，10.7%的学生有高度厌学；广州市中小学拒绝上学行为检出率为22.5%；北京市高中生消极学习态度检出率为28.6%。文章总结了与厌学有关的个人因素，主要是学习无明确目的，对学习缺乏兴趣；学校因素主要是被动学习，学校对学生没有吸引力。

再看家庭层面。如果家长非常重视孩子的身心健康，那么孩子出现严重心理问题的概率会大大降低。而当孩子已经出现严重心理问题之后，需要家长重视并按照恰当的方式去改善，这似乎就陷入了一种悖论：做得到的不需要，而需要的做不到。在学校心理危机干预工作中，我们遇到一些家长，因为一些自私的考虑耽误了孩子的诊治，甚至加重了孩子的心理病情。比如孩子有抑郁症的可能，但家长不愿意承认自己的孩子有心理问题，觉得这是一件丢脸的事情，因此也就不可能带孩子去诊治。有的孩子已经患有严重的抑郁症，甚至还尝试好几次自伤、自杀，而家长依然还坚定地认为孩子是装的，不会真的去死。有的家长甚至会托关系开假证明，只求让孩子尽早回校不耽误学习。而有的家长即便带了孩子去医院诊治，也往往不愿意按照医嘱住院或吃药，导致学生服药不规范，想不吃就不吃或用一些其他的东西代替药物治疗。这些做法，在现实工作中屡见不鲜。

以上这些，应该是学校心理危机干预工作中最核心的矛盾。

我的思考与经验

87. 怎样和校长沟通心理危机干预工作的重要性？

适用对象：心理老师、班主任　　**适用场景**：文书工作

洪洁州 回答

匿名 提问：我校刚来一位新校长，不清楚心理危机干预工作和校长的关系，我应该怎样跟校长沟通这个问题？

很多校长没有心理专业背景，如果也没有接受过相关培训，会以为学生心理危机干预工作是心理老师的事情，和自己没什么关系。

但其实不然。学生心理危机干预工作事关学生安全，而校长是学生学校保护第一责任人。这是在许多法律政策上有明确规定的。

《未成年人学校保护规定》第四十一条中提到"校长是学生学校保护的第一责任人"。第五十八条中提到"学校未履行对教职工的管理、监督责任，致使发生教职工严重侵害学生身心健康的违法犯罪行为，或者有包庇、隐瞒不报，威胁、阻拦报案，妨碍调查、对学生打击报复等行为的，主管教育部门应当对主要负责人和直接责任人给予处分或者责令学校给予处分；情节严重的，应当移送有关部门查处，构成违法犯罪的，依法追究相应法律责任。因监管不力、造成严重后果而承担领导责任的校长，5年内不得再担任校长职务。"

在政策文件方面，关于印发《健康中国行动——儿童青少年心理健康行动方案（2019—2022年）》的通知中提到：心理健康服务能力提升行动。学前教育机构、中小学结合家长会等活动，每年对学生家长开展至少一次心理健康知识培训……各地各相关部门要重视各类突发事件中受影响儿童青少年人群的应急心理援助，针对儿童青少年特点制订完善相关方案，有效开展心理抚慰、疏导和心理危机干预工作。

2023年，教育部等十七部门关于印发《全面加强和改进新时代学生心理健康工作专项行动计划（2023—2025年）》的通知中，提到几点：

1. 将学生心理健康工作纳入对省级人民政府履行教育职责的评价，纳入学校改革发展整体规划，纳入人才培养体系和督导评估指标体系，作为各级各类学校办学水平评估和领导班子年度考核重要内容。

2. 健全预警体系。中小学校要加强心理辅导室建设，开展预警和干预工作。

3. 优化协作机制。教育、卫生健康、网信、公安等部门指导学校与家庭、精神卫生医疗机构、妇幼保健机构等建立健全协同机制，共同开展学生心理健康宣传教育，加强物防、技防建设，及早发现学生严重心理健康问题，网上网下监测预警学生自伤或伤人等危险行为，畅通预防转介干预就医通道，及时转介、诊断、治疗。教育部门会同卫生健康等部门健全精神或心理健康问题学生复学机制。

4. 落实经费投入。各地要加大统筹力度，优化支出结构，切实加强学生心理健康工作经费保障。学校应将所需经费纳入预算，满足学生心理健康工作需要。

这些文件中，提及的经费投入、体系建设、协同其他单位开展工作和开展相关心理健康工作等，都和校长有直接关系。如果做不好，校长甚至可能因此被问责。

举个具体的例子，比如：在心理危机事件的应急处置中，如果学校没有相应的应急物资（软垫、毯子、急救箱、手电筒、绳子、口罩、电喇叭等）、提前做好预案和人员分工、相应的演练记录、心理危机干预的流程安排以及协作单位联络方式等，因响应不及时导致学生出现危害性事件，加之被媒体传播和断章取义，事后如果家长追责，学校未能自证尽责，校长会被追究第一责任人的领导责任。

作为心理老师，要学会利用相关法律政策文件，主动向校长"宣讲"，以普及意识，争取更多的资源投入和重视，避免一个人孤军奋战。

我的思考与经验

88. 心理危机干预工作和心理老师有什么关系？

适用对象：心理老师　　**适用场景**：文书工作、讲座

洪洁州 回答

匿名 提问：心理危机干预是不是由心理老师全权负责？心理老师在其中要做些什么？

相关的政策法规中明确了学校心理健康教育的课时量、师生比、心理咨询室配备等，但由于受硬件条件、人力资源、社会对学校评价机制等多重影响，有些学校的心理健康教育还仅仅停留在口头重视的阶段，心理健康教育咨询室建设不规范、心理健康教育课时没有得到真正保障、心理老师的工作量也得不到相应认可。很多中小学没有心理老师，或是心理健康教育工作由团委干部、政治老师、班主任兼任，其中很多老师没有经过系统的心理学专业培训，无法及时有效解决学生遇到的心理问题。还有不少学校的领导和老师，对开展心理健康教育工作认识不足，甚至有少数学校至今还没有开展过心

理健康教育，漠视学生心理问题。不重视早期预防和专业力量建设，等到出现问题了又没办法解决。

心理老师经常会感慨：自己是一个人在战斗，孤立无援，不知道如何开展这项工作。有的心理老师则认为，这就是自己作为"心理老师"责无旁贷的事情，不能假手于他人。

但这里要特别说明，心理老师的角色是在校长的领导下发挥心理专业支持作用，心理老师要明白一个核心观点：无论是在心理危机预防还是干预工作中，自己都只是学校心理危机工作小组中的一员，而非唯一。心理老师主要起到的是专业支持和指导作用。

我们来盘点一下在心理危机干预工作中，如果按照心理危机发生前、中、后，心理老师可以做些什么：

1. 心理危机发生前的心理危机预防阶段，心理老师主要做的是发展性、预防性的工作，比如：

（1）通过各种宣传科普和实践活动，让学生知晓有心理问题并不可耻，以及当自己有需要时，可以从哪里获得心理援助的校内、外资源。

（2）给学生开设有关发展性、生命教育的主题心理课，教会学生心理自助的方法。

（3）与班主任定期讨论，为班主任和学生的个别谈心提供专业建议。

（4）发展心理委员和社团活动，建立学生心理动态观察网络。

2. 心理危机发生时的分级预警阶段，心理老师需要动态跟进学生的心理危机，比如：

（1）做好当事人心理疏导，全面了解当事人的情况。

（2）心理老师要对高危学生进行初步评估。①评估当事人自伤、自杀（有自杀倾向或自杀未遂）等极端行为的具体程度，自杀计划和可执行性。②询问当事人自伤或自杀（有自杀倾向或自杀未遂）的经历。③与当事人谈论是否有难以应对的现实压力。④引导当事人关注自身有哪些资源可以用来应对压力。⑤了解当事人或当事人家族是否有精神病史。

（3）除了对当事人进行以上评估外，还要对相关人员（本校同学和老师）做好情绪评估和疏导工作，为需要的师生提供个别化专业辅导，必要时转介。

（4）给班主任、科任老师、家长提供专业协助。同时，与班主任、学科老师等有关人员一起，密切关注高危学生的心理和行为动态，做好安全监护，并注意保密。

（5）如果出现有自杀或杀人倾向的学生，要及时进行风险评估，视情况开展心理危机干预并及时转介，第一时间通知学校心理危机工作小组做好应对预案。

3. 当心理危机进展到干预阶段，心理老师需要第一时间向学校心理危机干预领导小组通报，启动学校心理危机干预预案。这个时候就要打破保密原则，跟高危学生做好解释，先确保人身安全，避免学生出现伤害事件。同时，及时提醒学生所在班级的班主任协助做好学生在校的安全监护。对有严重心理障碍或心理疾病的学生及时转介，同时做好跟踪服务及辅助性或康复性的心理辅导。

4. 当危害性事件突发时，心理老师则要根据学校心理危机干预预案，配合做好当事人与涉及人群的心理疏导和干预工作。包括：

（1）告知当事人由于属于危机个案，需要突破保密原则，保证其生命安全，同时与当事人签订《安全计划书》，明确列出可协助当事人的资源和人员。在签订前，要和学生沟通清楚这份协议的意义，尤其是当事人表示担心自己可能做不到安全承诺时。

（2）面对危机个案，心理老师千万不要有一个人处理的打算，需要立即上报德育处主任和分管德育的副校长，整理好当事人的详细情况，细节越多越好。如十分危急，可先口头上报，同时以最快的速度成文提交给危机干预小组中的德育分管领导。当危机干预小组成立后，可以组建QQ群或微信群，及时沟通与当事人及家庭相关的信息。但要注意的是，要特别注意网络沟通中的信息保密，避免外泄被媒体曝光，引发更大的问题。

（3）通过班主任联系家长，请家长到校签订《转介书》，并告知家长按照《转介书》上的就医方式及时就医。

（4）最后，心理老师应定期通过班主任沟通学生在校情况、就医情况和家庭情况，如正在服药、定期复诊和做心理咨询，务必提醒班主任做好对学生和家长的相关监督工作等。

从以上内容分析我们可以看到：开展心理危机干预工作，可以说是心理老师专业价值的重要体现之一，此外，还体现在开展专业心理活动，以及对危机干预工作中其他人员的专业支持和指导。

我的思考与经验

89. 心理危机干预工作和班主任有什么关系？

适用对象：班主任   **适用场景**：文书工作

洪浩州 回答

> **匿名 提问**：班主任不太配合学校的心理危机干预工作，觉得和她无关，我该如何和班主任沟通？

心理危机干预工作，往往是善战者无赫赫之功。重视早期预防，就可以避免发生危机事件后做事后处理。因此，如果能尽早发现危机发生的苗头，那么危机干预工作就可以赢得时间。

学校老师（心理老师、班主任、学科老师等）和朋辈（心理委员、同学），最容易察觉到学生出现不寻常的转变或困扰。这些苗头，往往是危机征兆。知道哪些是危机征兆以及从哪里可以寻找到危机征兆能帮助我们发现学生不寻常的转变和困扰。因此，能够发现危机征兆的首见人——班主任，就成为很关键的群体。

班主任在危机干预中可以做不少工作，比如在心理危机干预工作的预防阶段：

（1）以主题班会、微班会等形式将心理健康教育融入班级日常管理和班集体建设中。

（2）通过学生资料/记录、日常观察、学生周记、作文中的信息和定期与学生闲谈、留意学生的社交网络等方式，检视可能出现的危险及保护因素（例如家庭结构、家长的医疗/精神健康记录等）。

（3）平时多了解学生的日常行为习惯，分辨学生出现的警告信号和日常行为情绪波动。加强对学生，尤其是重点学生的日常行为的关注、观察与记录。

（4）将高风险学生及早纳入重点关注范围中，可以说是预防危机事件的重要环节，也是第一道防线。心理危机事件的高发学生群包括：不愿遵守学校纪律和社会规范、法律；成长在家庭暴力的环境中；学习压力过大；经常和同学发生冲突；因为性取向被取笑；经常被欺负或侮辱；好朋友或家人自杀；遇到多重变故：家庭变故、同学关系破裂、搬家、转学等情况。

平时，在容易发生心理危机的关键时间节点，班主任也可以做不少预防性工作，比如：

（1）通过开学前的家访，了解学生的成长环境和假期生活。

（2）对需要重点关注的学生加强关心和疏导，必要时转介给心理老师评估、辅导。

（3）根据年级特点认真准备开学第一课，营造温馨、安全、接纳、和谐的班级氛围。

（4）带领学生修订奖惩有序的班级规则、策划活泼有趣的班级活动、设定个人成长目标与计划、练习调整身心的具体方法等，提升校园生活对学生的吸引力，帮助他们尽快恢复状态。

（5）适当放缓最初几周的教学进度，强化新旧知识之间的联系，注重学习方法的培养，加强师生间的良性互动。

这些预防阶段的工作，能极大避免学生心理危机由轻转重。因此，学校领导、心理老师都需要高度重视对班主任群体的培训。提高他们的心理危机识别与干预的能力，做好前期预防工作，才能减少伤害性事件的发生概率。至于如何培训，关注"心理老师成长联盟"公众号，发送"学校心理工作"可领取相关班主任心理危机干预讲座课件和逐字稿资源。

我的思考与经验

90. 在心理危机干预中要避免犯哪些错误？

适用对象：心理老师、班主任　　**适用场景**：文书工作、辅导室、教室

洪洁州 回答

匿名 提问：我是一名新手老师，不知道如何把握心理危机干预工作的重点，请指点。

有的老师在面对学生的心理危机个案时，第一反应就是"逃跑"，甩给学校领导。不清楚自己在其中究竟该做些什么，不知道危机干预的基本步骤，也不清楚心理危机工

作的具体内容，这会导致专业性备受质疑。心理危机干预工作，是心理老师展示专业职责和专业价值的关键时刻，不能逃避。当然，对于很多未接触过心理危机干预工作的老师来说，提前学习一些知识点，也是很有必要的。

第一，要清楚保密原则的应用限度，什么时候该遵循保密例外和最低限度突破原则。什么时候该保密，什么时候该保密例外？比如，在心理危机筛查过程中，参与学生心理危机干预工作的人员应对工作中所涉及干预对象的各种信息严格保密，保护当事学生隐私，其信息只能在负责处理该心理危机的工作人员中规范运用，相关工作人员需要签订保密协议。

第二，老师需要在职责范围和自己的职业能力范围内实施工作职能（如超出范围，要及时上报学校，安排转介或请更专业的人来做），避免不必要的伤害。比如，学校领导如果问你当事学生是什么心理疾病？记住心理老师不能够直接给学生下诊断，只能是在收集各种资料和信息之后作出综合评估，推荐转介至相关心理机构或医院进行确诊性诊断和治疗。心理老师并没有临床诊断权，这点请千万记住。心理老师所做的评估，只能作为转介参考依据，具体诊断需专业医生来下。

第三，切记不能因"心软"为有自伤、自杀风险的学生"保密"，以致耽误最佳的干预时机，这可能导致学生自杀成功，而你可能被家长告上法庭，追究责任。当你在辅导学生过程中，千万不要过于相信当事人"绝对不会自杀"的誓言，当事人处于非正常状态，其强烈的痛苦状态会使你更难做出合理的决定，他要你保密，如果你信以为真，实为害命。

第四，千万不要揪着学生填写的"承诺不自伤不自杀"协议不放。有些老师以为学生签的这份协议是具有法律效力的，但事实上并没有。不管学生和家长签订了什么样的协议，如《安全协议书》（学生、家长）、《知情同意书》，都不是学校免责的唯一依据。根据《精神卫生法》，当中小学生的心理健康状况可能危及自身或他人生命健康时，中小学校应以学生安全或健康为首位考虑因素，通知其法定监护人。这点千万不能疏忽大意。因为让处于心理危机风险中的学生签订这份承诺不自伤不自杀协议，仅仅是作为一种手段，避免学生因冲动产生自伤、自杀的行为。但这份协议并不能解决太多问题，还需要心理老师开展相关专业辅导，该打破保密原则的时候别含糊，要增加更多的保险措施，才能有效地避免伤害性事件的发生。

最后，在经历处理严重危机事件之后，老师要时刻觉察自己的状态。如果发现自己可能因处理危机受到影响，一定要先照顾好自己。因为只有先照顾好自己才能有余力照顾别人。很多心理老师在遇到一些复杂个案的心理危机事件时，会因为情感卷入和能力不足导致心力消耗过度。这个时候，心理老师就不再胜任心理危机干预工作了。保持自我觉察可以说是心理老师的必修课，对于反移情导致的自身情绪、心理反应及时通过督导或者朋辈辅导等专业手段进行处理。当然，这种情况其实任何参与心理危机干预工作的教职工都会出现，并非个例。

我的思考与经验

91. 心理老师如何在开展心理危机干预工作时保护好自己？

适用对象：心理老师　　**适用场景**：辅导室、文书工作

洪洁州 回答

> **匿名 提问**：我是一名新入职的心理老师，总感觉自己能力不足，不能应对心理危机干预工作，担心自己会背锅。我该如何在心理危机干预工作中保护自己？

学生出现心理危机，严重的有可能会产生伤害性事件，不管是自杀、自伤，还是伤害他人，都属于学校安全责任事故。因此，心理老师在开展心理危机干预工作时，一定要懂得如何保护好自己。在与学生辅导、家长联系的过程中，要特别注意方式方法，做好记录，并妥善保存。

为什么要这么小心呢？因为在实践中我们发现：学生因患有抑郁症而休学，休学原因不会在学生档案中被详细记录。但学生被诊断为抑郁症或更严重的精神疾病后，如果有就医或住院的治疗记录，也会影响到个人日后购置保险，甚至隐性影响"考编""考公"。目前没有规定抑郁症患者不能报考公务员，应以当地规定及职位要求为参考。而各地具体的体检要求和相关政策，存在一定的不确定性。如果家长因此坚持不承认孩子

有心理问题，更不让孩子及时就医诊治和住院治疗，学校方面不能施压，更不能剥夺九年义务教育阶段学生的受教育权（高中同样也会考虑劝退学生带来的社会舆论影响）。而且，这类家长往往会认为学校的转介建议是在推脱责任和寻找借口。所以，真实情况是，学校在学生心理危机风险面前，慢慢形成了"无限责任"，如果家长不愿意配合，学校和相关老师依然需要承担学生发生心理危机或危害性事件的风险。

因此，心理老师在参与学生心理危机干预与危机事件处理时，要注意收集和保存过程性资料，包括学生请假情况记录、转介建议书、病情诊断证明、安全协议书（学生、监护人）、危机干预记录表、重要的电话录音和谈话录音、家校沟通工作内容记录、微信和QQ文字资料、有关照片和图片等，做到一人一案，独立建档。学生因心理问题需退学、休学、转学、复学的，班主任需将其详细资料报学校心理辅导室备案。这样才能最大化保护学校，避免老师的履责风险。

因为心理危机干预工作的敏感性，为了更好地保护我们，需要雁过留痕，尽可能在一些关键节点，做好知情同意的记录。这些关键节点包括：

（1）心理高危的学生不愿意将真实情况告知监护人，或拒绝专业心理医生的建议就医治疗。

（2）班主任或心理老师通过电话、微信等方式与监护人反复沟通、劝说就医，但监护人由于认识不到位、经济原因等依然拒绝配合孩子治疗。

（3）学生被专业机构诊断为中重度神经症、精神疾病等需要就医服药甚至住院，但家长或学生拒绝或不配合治疗。

（4）有强烈自杀、自伤意念，严重自伤行为或强烈伤人意念的。

（5）经心理或精神科医生评估后不适宜复学却依旧想复学的。

虽然这些知情记录并不会事后免除老师和学校的全部责任，但可以作为关键的佐证，说明学校和老师尽到了应尽的履责义务。

我的思考与经验

92. 心理危机干预工作预案包含哪些内容？

适用对象： 心理老师、班主任　　**适用场景：** 文书工作

洪洁州 回答

> **匿名 提问：** 各个地区或学校的心理危机干预工作方案都是相同的吗？包含哪些内容？

学校制订的心理危机工作预案，是在当地出台的心理危机工作手册指引下，结合本校的一些实际情况所制订的落地方案。如果当地没有出台相应工作手册指引，可以借助国内一些地区用得比较普遍的工作手册，如《浙江省中小学校园心理危机干预指导手册》和《广东省中小学心理危机干预手册》，或者一些地市颁布的指导手册。这些手册的内容基本都差不多，主要的指导原则是三级预警分类干预，并且提倡早期预防、早期识别和早期介入。

关于如何分级分类各个地方有自己不同的表述，主要是看当地的政策文件。比如有的地方只分为两类：一般预警（一般心理危机）和重点预警（严重心理危机）。而有的地方会分为三类，表述各有不同，如一级预警、二级预警、三级预警或者一般心理危机、严重心理危机、重大心理危机。而有的地方"三级预警"是表述心理危机最严重的程度，而有的地方则相反，"一级预警"最严重。工作手册一般都会按照心理危机干预工作的流程，详细说明每个阶段要做的事情以及分工。学校的心理危机干预工作预案，基本上是这些工作手册的校内落地版本。以《广东省中小学心理危机干预手册》为版本制订学校的危机工作预案，内容大致如下。

首先是要建立学校心理危机干预工作小组。然后按照预防、预警和干预工作三个阶段，把要做的事情规划好。在这些工作预案中，你可以选择以制度条款的方式成文，也可以写成活动方案，说清楚要做的事情即可。一定要结合你所在学校的实际情况，把涉及的人、危机干预相关的工作事项，以及如何开展危机干预工作的顺序三个要点讲清楚。这类方案大同小异，也可以借鉴其他学校的版本。

关于工作方案的模板样例，可以关注"心理老师成长联盟"公众号，发送"学校心理工作"，即可领取相关资源包。

我的思考与经验

93. 开展学校心理危机干预工作的关键切入点是什么？

适用对象： 心理老师、班主任　　**适用场景：** 文书工作

洪洁州 回答

> **匿名 提问：** 能否用简要的方式，告诉我如何把握开展心理危机干预工作的切入点？

第一个关键的切入点是，做好工作预案后要多做预演。当面对一个需要进行危机干预的学生时，心理老师往往是独自承担这部分责任，他们的心理压力其实是很大的。有时候真正需要危机干预的学生，并非是学校没有很好地跟进，而是因为心理老师的工作权限和自身力量有限。事实上，不同地区、不同学校的心理老师在专业素养、技术水平和危机干预的处理能力上，可以说是参差不齐的。再加上很多学校并没有意识到要经常提前演练如何处理学生心理危机事件的必要性。学校有关于各种突发性事件的演练，如消防演习、地震演习、防暴演习，但心理老师并没有太多机会提前演练心理危机干预的应对演习。所以，当学校真的出现学生心理危机事件或心理创伤时，一些经验较少的心理老师就会出现不知所措、手忙脚乱的情况。演练可以在回避所有学生，并告知教师演练概况的情况下，在会议室内模拟发现伤害性事件后的信息通报、各就各位、工作协同等过程，检验分工和预案的可操作性。以文本解读、案例讲解等多形式、多层次的教师培训为主，与急救、护理技能的实务培训相结合。

第二个关键的切入点是，心理危机的早期识别与评估要重视动态观察和静态评估相结合。各个地方教育局每年都会下发文件，要求开展开学的心理普查工作，这是很多心理老师都知道的。而当真的心理危机事件发生之后，心理评估又有些滞后。在早期如果能够提前识别和评估心理危机的严重程度，那么我们就赢得了提早介入、提早干预的时机。相比一年才搞一次的心理普查工作，日常的动态观察更重要、更及时。心理老师可

以从两个方面入手，建立这种动态的观察机制。第一是平时做个案的时候，要能通过个体辅导记录去判断学生的自杀风险征兆。第二是培训班主任、学科老师、心理委员、校医和家长，让他们懂得如何在日常观察中发现可能存在心理问题的学生。比如家长可以在开学、考试前后，重点留意易引发心理危机的时期，如小升初、初升高阶段的孩子，初二、高二的孩子，毕业班的孩子，成长环境发生变化、家庭发生巨大变化的孩子。教给他们观察孩子变化的方法，比如孩子胃口突然变大或变小都应引起重视，因为心情会影响食欲。孩子突然变得辗转难眠、半夜多次醒来，突然早起，等等，都是需要留意的信号。还有行为上的退缩信号，比如突然变得不爱出门，不爱社交，看起来懒洋洋的，提不起精神。这些都是值得花大气力去做的前期工作。

第三个关键的切入点是，锻炼自己评估心理危机风险等级的能力。目前的公开资料显示，大部分程序性、流程性的工作都可以找到参考的依据，唯独如何综合评估学生心理危机的风险等级无法找到参考，这主要考验心理老师的专业功底。一般来说青年老师需要掌握三个细分的技能：第一，当心理危机事件发生时新老师要懂得如何与当事学生展开谈话，判断学生当前的心理状态以及自杀风险。第二是如何快速地从与当事人相关联的其他人员那里收集到更多的资料，以辅助评估。第三就是借助工具，在谈话过程中快速评估学生的自杀风险。一般采用的是伤害性事件风险评估量表。

第四个关键的切入点是，将风险等级切分得更细致一些。各种工作手册和指导性文件中，一般只会将风险分为高中低或者一、二、三级，然后给予相应的框架性指导。但是心理老师在日常工作中，需要将可能遇到的各种情况进行细分。我们按照可预测与否将心理危机事件分为常规的筛查危机和突发的危机事件。

常规的筛查危机，是指可以提前预判和分析的心理危机，根据危机的风险等级再继续细分。比如最低风险的表现类型可以有哪些？刚出现自杀征兆，就要比已经有自杀倾向和自杀意图，但未有行动计划的风险要低一些；而已经有自杀倾向，但未有行动计划的学生，又要比有迫切自杀风险或者已经开始精神疾病发作的学生风险要低。而那些突发的危机事件，我们又可以细分为发现有自杀意念的学生，即将实施自杀行为、有迫切自杀风险的学生，以及已经实施了自杀行为的学生，自杀未遂和已经身亡等情况。而对那些伤害他人的情况，又可以按照风险由低到高分为有意念或者行为的学生，伤害未遂的学生和身亡等情况。根据不同的情况梳理工作的步骤清单和相应的技能点，真遇上危机事件，挑选相应情况的应对清单，心里就不会慌了。

第五个关键的切入点是，做好心理危机干预的善后工作。学校体系内，对严重心理危机学生的复学返校，一般要求医生开具复学返校证明。但医院只有统一制式的疾病证明，且可以写的理由是病情稳定或者需在家休养之类，不会写明可以复学返校。病情稳定是复学的基础，但状态好转并不意味着疾病已经治愈，还需要巩固治疗成果。很多精神疾病属于慢性病，需要在医生的指导下服用较长一段时间的药物或进行康复治疗，预防复发。但从临床上看，病情稳定后，逐步恢复社会功能（上学、同伴人际关系等）有助于病情康复。这种情况容易导致家长夹在医院和学校的矛盾当中无所适从，最终家长可能强行要求让学生回校，学校一般无法强硬拒绝。因此在实际工作中，心理危机尚未好转的学生回校就读，心理老师如何跟进，避免学生的心理危机状况恶化以及对其他学生造成影响，就成为很关键的专业挑战了。所以要制订好善后的预防计划，给当事人所在班级的班主任、学科老师、同学做好心理普及。让他们知晓自己应该如何与当事人相处，以及在日常中如何观察他的心理动态，如果发现情况不对，能够马上上报信息，及时处理。这样才能保证这类学生重返校园后，自杀和心理危机的风险控制在可控范围内。

我的思考与经验

94. 对新手老师而言，应该如何更好地开展心理危机干预工作？

适用对象：心理老师、班主任　　**适用场景**：辅导室

洪洁州 回答

匿名 提问：作为新手老师，我很害怕面对那些有心理危机的学生，您能给我一些建议吗？

对新手老师而言，刚开始开展学校的心理危机干预工作时，最重要的是先把框架搭

建起来，然后把握好工作中关键环节的关键矛盾。

1. 心理普查工作要发动班主任一起参与。每年的心理普查工作任务繁重，如果筛查出大量需二次评估的学生，仅靠心理老师一个人是做不完的。如何去跟这些学生的家长沟通，也需要得到班主任的配合。对于危机预警程度比较低的学生，后续的跟进和观察同样离不开班主任。因此，班主任是新手老师开展工作的最大助力。

2. 借助班主任，提早锁定高危学生。班主任每天和学生在一起，对学生最为了解。他们可以说是发现学生自杀征兆和心理危机风险的第一发现人。因此，心理老师可以培训班主任如何锁定潜在的高危学生，例如单亲家庭、留守儿童、父母缺位、家庭暴力等家庭结构变化，以及日常经常和同学发生冲突、被欺负和侮辱、遭遇重大生活变故等情况的学生。

3. 尽可能培训相关人员，教他们如何发现心理危机警报信号。青少年在出现自杀风险或者可能患有抑郁症时，会有一些行为、情绪和生理上的表现信号。如果能通过对心理委员、学科老师、班主任和家长等相关人员开展足够的培训和知识普及，就能建立起一个早期预警、早期发现的网络，一旦学生出现征兆预警信号，我们就能第一时间发现。

4. 学会如何准确评估心理危机风险。这个工作一般来说分为两个场景：第一个场景是在做完心理普查后，对筛查出来的需要二次评估的学生进行面对面的心理约谈。第二个场景是在已经发生心理危机事件后的现场展开面谈。普查后的二次评估面谈，我们有很多现成的访谈提纲参考。但如果只是对照着提纲访谈，容易让学生有被审问的感觉，让他们更加紧张。这是专业能力欠缺的老师在开展这项工作时容易犯的错误，就是眼里只有事，没有人。为了完成评估而忽略了信任关系的建立，甚至可能导致学生产生阻抗，最后造成误判。

5. 评估风险等级后的处理要在学校危机干预小组的指导框架下开展，不要一个人冲到前线。当出现心理危机事件时，要有量化风险等级的意识，避免出现消极回避或者过分紧张的情况。如果学校危机干预小组没有办法做到分工明确，井然有序，最后很可能因为工作上的失误导致学生因信息泄露被视为异类，自杀风险反而增加了。

6. 在多方会议框架下和学生家长沟通心理危机问题。心理老师没有办法认识全校所有学生的家长，信任关系也就没办法快速建立。因此在沟通涉及学生自杀风险和严重心理危机的情况时，要及时向学校备案，通过危机工作小组一起想办法。在学校危机工作小组的框架下召开家校多方会议。不要一个人跟家长进行沟通，因为此时心理老师不能代表学校做决策和承诺任何事。

7. 用机制的力量守护心理危机极高风险学生。很多新手老师会以为，我是心理老师，是不是需要单枪匹马去面对心理危机极高风险的学生？其实并非如此。极高风险指的是学生很有可能自杀，念头非常强烈，很难自控，有明确的自杀计划。这个时候的工作重点是保证他的人身安全，在此前提下才有可能开展工作。对心理老师而言，更重要的是依赖危机干预工作小组的其他老师，共同参与守护，这样才能够抽出精力去开展面谈以及风险评估。

8. 学生实施自杀的现场救援中，尽可能一个人与学生谈话，同时让专人管理好现场避免其他无关人员出现。环境对人的心理会产生极大的影响，如果现场过于嘈杂，旁观的无关人员过多，很容易让学生感到难堪，从而产生情绪的波动。如果谈话有效，再协助学生主动走到安全的地方，优先确保学生的人身安全。

最后一个建议，心理老师首先要照顾好自己，对自己的能力和心理状态要有清晰的认识。如果超出了自己的能力范畴就要及时上报，尽早转介。

我的思考与经验

95. 如何制订危机干预培训方案？从哪些途径寻找培训课件资源？

适用对象：心理老师、班主任　　**适用场景**：文书工作、讲座

洪洁州 回答

匿名 提问：我要给班主任开展危机干预培训，能给我一些建议或者资源吗？

在此之前，我们先聊聊为什么"危机干预重在预防不在干预"。相信你看完后，会对学校心理危机干预工作的重点有所感悟：

1. 重在危机发生前的预防工作，才能避免事后处理的无力感。
2. 重在编制一张预警网络，人人参与其中，才能早期发现、早期介入。
3. 履责尽力，程序合规，才能避免事后的问责。

那么，落实到具体的工作上，就是要在心理危机发生前把各种该做的预防性工作都做到位。

开展中小学教师心理健康知识科普讲座；对家长进行心理危机干预工作宣传教育；培训班主任、专兼职心理老师、心理委员，提高他们对心理危机的识别与干预能力。开展学校心理危机干预工作小组的预案演练工作；开展心理健康促进行动，比如实施倾听一刻钟、运动一小时的"两个一"行动等。

在这方面，同行老师们已经有了许多的经验，也做了非常多的工作。借鉴、参考他们的做法，可以为你节省许多时间，把精力多放在其他更重要的事情上。关于工作方案的模板样例，关注公众号"心理老师成长联盟"发送"学校心理工作"，即可领取相关资源包。

我的思考与经验

第十一章
心理危机问题的应对与处置

96. 请问心理危机一定是重大事件吗？

适用对象：班主任、心理老师　　**适用场景**：辅导室
主题分类：心理科普宣传

安夏 回答

> **匿名 提问**：请问心理危机一定是重大事件吗？一说到心理危机就联想到自杀等比较严重的情况。

从根本来说，心理危机就是心理状态的失衡。心理应对能力比较强的人可能经过一段时间的消化，慢慢地心理会恢复平衡。我们日常所说的心理危机通常是指无法正常生活、思想和行为出现紊乱的情况，比如精神崩溃、生理上反复的疾病、无法上学、暴饮暴食。你所提及的自杀，是心理危机最极端的表现方式。

值得提醒的是，心理危机并不一定指当事人经历的是我们常规意义上认为的重大事件，比如疫情、地震、父母离异等等，而是当事人心理能量不足以应对的事件。比如失恋，对有的人来说就是重大事件，仿佛世界要毁灭了，而有的人可能伤心两三天就过去了。

我的思考与经验

---

97. 疑似抑郁症学生有自残倾向，该如何介入处理？

适用对象：心理老师　　**适用场景**：辅导室
主题分类：个体辅导、自毁行为

闫芳 回答

> **匿名 提问**：想请教一下这名同学我应该怎么处理呢：有自残倾向，医生给她开了药，我看结果是可能有抑郁症（医院出具的病历，里面《汉密顿抑郁量表》总粗分15

分，诊断结果为"可能有抑郁症状"）。

从医院出具的诊断来看，医生的结论相对保守，没有确诊是抑郁症，但开了药物，也可能是医生出于保护患者的角度考虑的。我们应该建议学生遵医嘱，毕竟在诊断、治疗方面心理老师没有相关资质，心理老师的咨询辅导只能是辅助方式。

对待一个有自残倾向的学生，首先要通过个体咨询了解学生目前具体的情绪状况、病程起因和过程经过等，为学生建立个人档案。档案包含学生基本信息、家庭情况、父母基本信息、经历、目前的情绪表现及主要问题、就诊及治疗过程、初次自残行为的时间、以及自残的程度等，同时上报学校备案。

心理老师可以在每周固定一个时间咨询学生，制订咨询目标，按进程辅导。一个月后，通过家校联系向家长开具转介建议书，建议带学生到有资质的专业机构或医院复诊，看情况是否好转，当然还是要遵医嘱按时治疗。

此外，这个学生目前可能是非自杀性自伤，但不排除以后会有更多自伤或者自杀行为，因此，心理老师评估学生的情绪状态，和家长签署《安全责任协议书》。

这类需要特殊关注的学生，心理老师必须定期追踪学生情况，直至学生毕业，同时做好追踪和咨询记录。

同行补充

刘冰（高中专职心理教师，华中师范大学心理学硕士，曾获市级高中心理健康优质课）：个体咨询时，尽量把该生具有自残行为的原因理清楚，是社会心理因素方面（比如亲属、同学或者朋友等进行过非自杀性自伤行为），还是家庭及学校生活因素方面（当个体不能处理和忍受所出现的消极情绪时，就可能发生自我伤害，如经历过父母忽视、虐待，同辈的欺凌以及社会排斥等），还是其他因素。根据具体影响因素，确立咨询目标与内容。咨询时，向来访者传授替代行为技能和冲突解决策略等。此外，建议充分利用互联网资源，积极宣传相关的有益视频，以减少青少年社会孤立感，给予社会支持、关爱与理解，正确引导处理消极情绪的方法及策略。

我的思考与经验

98. 学生存在跟风割腕现象，该如何介入处理？

适用对象：班主任、心理老师　　**适用场景**：教室、辅导室
主题分类：个体辅导、自毁行为

林红丽 回答

> **匿名 提问**：学校出现学生跟风割腕的现象，作为心理老师应该怎么做？

学生出现自伤行为，和我们的生命教育缺乏有关，也和孩子无意义感有关，还和孩子青春期大脑发育有关。孩子在青春期时前额叶未完全发育成熟，显得自控力不强；边缘系统则基本发育成熟，显得情绪动荡不安，所以青春期孩子会有很多冒险行为。

你问"学生跟风割腕，心理老师该怎么做？"我想从个体和群体的角度和你交流。

就个体而言，对已经自伤的孩子我们该怎么做？接纳他的所有情绪，觉察他背后的需求，和他探讨应对的资源，给予足够的支持和力量。对大多数人来说，难以下手伤害自己。2010年富士康发生"13连跳"，就跳楼者来说，虽有"跟风模仿"的嫌疑，但是他们自身肯定原本就存在问题的。所以任何一个自伤的孩子，我们都要重视，给予关注和支持。对自伤行为进行评估是干预的前提，我们要用"带着好奇心的温情"评估自伤行为的特点、严重程度、诱因和后续结果。在建立关系之后，详细询问自伤行为的特征和自伤的目的，区分他是自杀性自伤还是非自杀性自伤，根据不同类型进行干预。在这里一定要记住，这不是心理老师一个人的事情，而是学校所有人的事情，及时启动学校的危机干预小组特别重要。

就群体而言，确实出现过这种情况。如果出现跟风割腕，我们要了解背后的原因是什么？孩子是怎么想的？根据不同的原因进行应对。当某个孩子自伤后且被大家知道，心理老师需要对同学们开展相应的心理课进行干预。除了问题后的干预，我更多去思考发展性辅导。生命教育，包括生命意义的教育，需要心理老师，更需要所有老师，以及"家—校—社"三方一起组织进行，培养孩子积极乐观的心态，珍惜自己的生命。现在关于生命教育的教材也很多，可以去网上搜索，根据相关教材和课程组织进行。

心理健康教育不是心理老师的事情，而是所有老师的事情，这就需要一支常态开展工作的队伍。对学生的心理危机干预更是如此，即使学校暂时还没有形成危机干预小组，出现危机事件时我们也需要向德育处和校领导汇报，并做好相关记录，这样可以更

好地帮助学生，也可以更好地保护自己。

我的思考与经验

---

99. 学生手臂自伤严重，曾虐猫虐狗，怀疑有被害妄想、反社会敌对，如何处理？

适用对象：心理老师　　**适用场景**：辅导室
主题分类：个体辅导、自毁行为

闫芳 回答

> **匿名 提问**：我们学校一个学生出现自伤行为，手腕上有密密麻麻的划痕，自述小时候曾虐猫虐狗，我怀疑她有被害妄想。她家里的条件不太好，父母警告她如果再自伤就打她。学生有幻听幻视，我给她做问卷测评，测评结果显示有一些精神病性症状，做《焦虑抑郁量表》测试，结果也挺严重。家长一直没有带她去相关医院就诊。班主任曾和她谈过，她保证自己不会再自伤，学校领导也觉得她可以留待观察，让心理老师定期咨询，但是我觉得这个学生的情况已经超出我的能力了。我是新手老师，面对这种情况，我认为应该和她父母谈谈，说服家长带她去医院看专业医生，再根据医嘱来判断是留在学校学习，还是回家休养。希望各位老师能给我一些建议，我觉得这个孩子的情况已经很严重了，怎样才能让各方重视起来？

从描述来看，我认为这个学生确实存在一定的心理和精神障碍。有幻听幻视、被害妄想和自伤行为，这些都是典型的精神障碍的表现，但似乎家庭和学校都不是很重视这个问题。

首先建议从学校方面着手，提高学校领导的心理健康知识普及和防范意识。将案例的具体情况以纸质形式汇报给学校领导，向领导说明学生可能会发生进一步的自残自伤甚至伤人行为，结合学生个人健康发展及学校安全隐患两方面，提高学校领导重视程度。同时请求学校领导的帮助和支持，比如请领导从学校管理者的角度和家长进行沟通。

其次，在和学生父母沟通上，基于帮助学生健康成长的初衷，明确告知学生目前的心理健康状况，同时表明心理老师的工作界限——我们没有临床资质，所以不具备诊断和治疗的资格（不要说心理测评结果是"心理诊断"）。建议父母带孩子去有资质的专业心理机构，做进一步的诊断和治疗，同时出具转介建议书，一式两份，请父母手写签字，心理老师一定留存一份。如果和父母的沟通有困难，建议请学校领导出面。

待学生就诊后，根据医生的诊断结果，判断学生是否可以继续上学。如果经过治疗学生康复了，那么心理老师要对学生进行心理评估，填写评估记录表，经过学校相关部门的批准后，和家长签署《安全协议书》，方可返校复课。返校后提醒班主任密切关注学生的情绪变化，心理老师也要定期追踪回访学生情况。

累积了几个这样的案例后，最好能形成一套符合学校实情的问题学生转介机制和流程，向学校领导报备。以后都按此流程转介。

同行补充

秦荣彩（高中专职心理教师、陕西师范大学心理学硕士，曾获省级心理教师基本功大赛一等奖）：1. 对于学生的自伤行为，心理老师依然可以做一些工作，比如：与学生一起制订安全计划，共同讨论哪些预警信号表明事态正在升级？自我关照的策略有哪些？可以提供帮助支持的人有谁？危机时刻能够联系的人有谁？对学生提供必要的心理支持，让学生签署《安全承诺书》。

2. 形成转介工作流程是必要的。实际工作中，如遇家长无法理解学生、重视不足、不配合学校相关工作的情况，务必通过多种形式将学生的心理健康状况以及可能出现的后果反复告知家长，并提出合理化建议，必要时学校须与家长签署《安全责任承诺书》。

我的思考与经验

100. 学生因为情绪问题出现爬栏杆想跳楼行为，该如何介入处理？

适用对象：班主任、心理老师　　**适用场景**：辅导室
主题分类：个体辅导、自毁行为

王雅 回答

> **匿名 提问**：这周我辅导了一个特殊学生，该生有危机行为，如情绪激动时会爬上栏杆想跳楼。据家长、老师反映，该生平时比较听话，成绩不错。同学反映，平日里没事发生时该生人也不错，但是容易因为小事生闷气，或者发脾气大闹，所以对他也会有点忌讳。我跟这个学生沟通过，感觉也是这样。最近他因为与同学产生矛盾、举手没有受到老师关注等问题多次发脾气。今天班主任发现他私下通过画画来表达自己的真实想法——感觉很累，脑袋里有人在打架，会幻听……作为心理老师，我对他的帮助的"度"在哪里？很想帮他，但觉得并没有那么容易，更多时候感觉力不从心。此外，虽然知道如果他有幻听、妄想等情况时需要转介，但怎么判断他是一时的情绪问题还是真的患有心理疾病呢？

首先，作为心理老师，我们需要在学生需要时提供支持和帮助。当一个孩子出现危机行为，包括情绪激动和试图爬上栏杆跳楼等行为时，需要第一时间向学校行政报告，并及时与家长进行沟通，做好学生的转介工作。

其次，要判断这个孩子是一时的情绪问题还是真的患有心理疾病，需要考虑他的具体表现和症状。如果孩子已经出现了幻觉，那么我们可以怀疑（但不能下诊断）他患有心理疾病，需要考虑转介给专业的心理医生或精神科医生进行评估、诊断和治疗。

再次，在处理这类情况时，需要特别强调：心理老师（或班主任等其他老师）需要先处理好自己的情绪，在职责范围内尽力了就好，超出专业边界的部分，不宜过度共情。

最后，为了确保学校和医院之间的必要联系，我们可以请医生提供建议，指导心理老师在学校如何更好地帮助这个孩子。如果家长不愿意透露孩子的就诊信息，可以通过德育处等渠道，向家长传达学校需要此类诊断证明的信息。在获得家长的同意后，我们可以与医生联系，询问医生作为老师可以做些什么来帮助孩子。

同行补充

阿*老师：作为心理老师没有诊断的权利，但可以与孩子进行一次会谈，通过与他复盘一周内情绪爆发的事件，询问他的感受与想法，如果孩子可以基于事实进行表述，那认知基本没有问题，反之则问题较大。心理老师可把观察到的信息反馈给家长，以此作为推荐转介的参考依据。

我的思考与经验

101. 学生因上课违反纪律被抓，情绪很激动想跳楼，请问该怎么去辅导？

适用对象：班主任、心理老师　　**适用场景：**辅导室
主题分类：个体辅导、自毁行为

林红丽 回答

匿名 提问：我有个学生经常在课上捣乱，基本上没有哪门课是能让他安静下来的。自己搞小动作不算，还要去捉弄别人，抢别人的东西，班里的同学都不太喜欢他。妈妈比较溺爱他，爸爸对他很严厉，但是爸爸很多事自己都做不到却严格要求儿子。今天上课因为违反纪律被老师揪出教室，他情绪很激动，想从楼上跳下去。请问这样的学生该如何去辅导？

因为不知道学生的年龄，看到描述说"抢别人的东西"，我估计是年龄（或心智）比较低的学生。你说的这类"经常在课上捣乱""不讨同学喜欢"的孩子，似乎每个班都会有一两个。

我感受到他的一系列行为给你带来的无力感，而情绪激动得"想跳楼"也是让我们担心害怕的。问题的形成复杂而久远，问题的解决也是需要时间的。

对于这样的问题，我们首先要分析原因。你大概讲了家庭教育方面的原因，但可能

还有其他原因。他的学习成绩怎么样？智力如何？他的学习成绩应该一般，是因为智力问题对学习没兴趣，还是因为习惯等问题造成，或者只是为了获得大家的关注？这样的小学生，我首先会建议家长带他去医院做器质性方面的身体检查和心理健康检查，看是不是有多动症。多动症主要包括注意力缺陷和多动两个方面，有的孩子只有其中一种，有的孩子两种兼有。"无法安静、搞小动作"等行为可能是多动症。交流了可能导致问题出现的原因，我们再来思考对策。

首先，要提供支持。如果在当下，在保证安全的前提下，我会让他冷静下来，抱抱他，或者靠近他，让他感受到温暖和支持；同时也表达自己的伤心、难过和担心，让孩子知道自己是被爱的，同时也让他知道这样做的严重后果。教会他处理情绪的小技巧，比如深呼吸，暂时离开这个地方等等。事后让班主任和任课老师关注孩子的状态，评估这是孩子在应激状态下偶尔采取的不理智的行为，还是经常会有这样的冲动。需要对孩子做一个自杀、自伤评估，初步评估其是否处在高危状态。

接着，要多去寻找孩子的闪光点，这点对所有的孩子都适用，对这样的孩子更是必需。把这些闪光点写在纸上送给他，不断强化他做得好的地方。

其次，可以邀请他来做我们的小助手。我现在上心理课时有一批孩子来得特别积极，喜欢帮我做事情，每节课前都会来帮忙做课前准备，他们被选为组长或课代表，虽然他们的成绩和行为表现一般，但是他们特别喜欢帮我，因为我经常求助他们，例如帮忙解决多媒体问题、整理教室等等。助人是让一个人提高自我力量感的一种方式，在这个过程中也可以教会他如何与人相处。

然后，可以通过空椅子技术和角色扮演等让他体验到不同角色的感受。我特别推崇在中小学组织心理剧演出，因为孩子们喜欢表演，而我们又可以通过表演解决很多问题，人际交往问题是其一。让孩子在表演中慢慢学会交往的技巧，以及积极应对负面情绪的方式，而不是采取消极方式。同时在班级里组织一些"暖心大白"（心理委员），让他们经常关注这个孩子，给予他支持。

最后，要主动强化家校之间的沟通，组织家庭教育，让家校理念统一。通过家庭教育，让家长可以统一理念，改进教育的方式方法。

前面这些，每一条说起来都很简单，但做起来都不容易。但我觉得，让孩子感受到归属感和成就感是我们在教育中特别重要的两点。

我的思考与经验

102. 学生给老师微信留言有自杀念头，不想回校，干预工作该怎么做？

适用对象：班主任、心理老师　　**适用场景**：辅导室

主题分类：个体辅导、自毁行为、复学返校

王雅 回答

> **匿名 提问**：今天有班主任找我，有个初一女生在和她微信聊天时说，画画时一条线总画不直，感觉那条线在和她作对。昨晚女生又问班主任，如果她死了会怎么样？女生昨天和今天都请假没来上学，班主任和家长联系，家长说孩子觉得上学太远，作业多，太累，就不想回校。由于学生不想回校，我该怎样做干预工作？

这的确是个让人困扰的问题。

首先，先自我觉察一下：我们自己的想法是什么？是期待孩子复学还是尊重孩子不上学的选择？我们要先放下自己的倾向性态度，才有可能走进学生心里。如果我们带着一定让她复学的目的，那学生就有可能不会敞开心扉。

其次，在与学生沟通的时候不要着急，先建立关系，让她接纳我们，然后才有可能进一步沟通，先稳住她的情绪是关键。心理老师的作用是共情她的情绪和感受，至于德育相关的工作让德育老师去做，学校的规则让领导去解释。

接着，与班主任沟通。班主任向你求助，她的无力感也会传递给心理老师，我们只能尽量帮助她。要让班主任理解，学生不愿意回校，有客观原因也有主观原因，但与我们的期待没太大关系。

最后，作为一名心理老师，上岗的第一课就是要学会如何做好自我关怀。就此事而言，你情感上会很难受，理性上要能接受有些事尽力了，可能也得不到我们想要的结果。

人生那么长，现在这个阶段不上学看似很严重，却也是这个孩子在显示自己对世界

的对抗，这个阶段我们如果能站在她身旁，一直陪伴她，对她的成长就是一种帮助。

我的思考与经验

103. 有情绪困扰的学生就医后，想返校学习，需要医生开具证明吗？

适用对象：心理老师　　**适用场景**：文书工作
主题分类：个体辅导、情绪困扰、复学返校

安夏 回答

> **匿名 提问**：学生因情绪问题去医院做了检查，现在学生想回学校上课，是否应该让医生开具复学证明？

目前政策法规没有明确规定这类学生不能返校，如果是为了评估学生情况，以便制订复学后的辅导追踪方案，可以要求医生开具复学证明；如果医生不愿意开，你也可以有多种方式去了解学生状况。返校后叮嘱学生按时服药、就诊，以及做好安全管理和危机预防工作。

对于这个问题，学校和医生都是两难，家长也难。我跟专家探讨交流过这个话题，他的建议是如果学生不存在自杀、自残或者伤害他人的风险，只是困扰自己的情绪问题，这种情况可让学生返校。但如果对个人生命或者他人生命有威胁，学校还是要谨慎处理。一般情况下，如果病情真的到了影响生命安全的程度，医生也会建议住院。学校找家长要证明也是为了防止那种医生建议住院但是家长忽略不顾的情况。

我的思考与经验

104. 学生来访后评估其危机程度很高，但班主任/家长认为孩子撒谎，如何处理？

适用对象： 心理老师　　　**适用场景：** 辅导室
主题分类： 个体辅导、自毁行为

闫芳 回答

匿名 提问： 我最近接了一个学生个案，第一次来访时她说有过自伤自毁的经历，也去了医院的精神科就医、治疗，有医生的诊断证明，服药一周左右家长不让她吃了。我当时觉得孩子的危机程度很高。做了两次咨询以后，孩子说不想来了，但是我怕她出什么问题，今天又和她做了简单访谈，感觉女孩的危机程度较高。跟班主任沟通时，班主任说这个女生经常撒谎，家长也说这个孩子经常为了达到目的撒谎，但我不这么认为。现在我有两个问题，第一，我该不该相信女孩说的话，如何判断她有没有撒谎？第二，现在孩子的危机程度比较高，虽然没有明确的自杀计划但是经常有自杀的想法，我应该如何做呢？

学生有精神科的诊断证明，并且服药，说明曾经有过心理问题，至于程度如何以及现在的真实状况，我们应该和班主任及家长再沟通一下。不过在咨询过程中，我们不能流露出对学生的不信任。有自杀念头属于较高程度的危机情况，只靠心理老师的力量是不够的，需要启动危机干预系统，需要学校领导、老师和家长的共同配合。我们应该联合班主任同家长面谈，一起分析孩子出现目前状况的原因，是同伴关系、亲子关系还是其他原因造成的，一起尝试改变，帮孩子重建心理复原力。

按照我们学校的要求，确定罹患心理疾病的学生应该遵医嘱居家治疗并调节，如果坚持上学的话，老师要密切关注学生的情绪状态，并和家长签订《安全责任书》，保证孩子的人身安全。心理老师还需要定期回访，即便学生不愿意定期来做咨询，我们也要保持和学生的沟通，并且和家长、老师确认情况。每一个危机个体都需要我们花大量时间来慢慢辅导，最好建立学生心理档案，方便我们及时梳理调整咨询方案。

同行补充

李南（高中专职心理教师、温州大学教育学硕士、国家二级心理咨询师、山东省心理健康教育先进个人）：1. 与家长和班主任说明孩子心理问题的严重性。约家长和班主任一起面谈，将孩子的情况和心理老师评估的情况正式向班主任和家长进行说明，并强调问题的严重性，引起家长的重视，签订相关《安全责任书》，并上报给学校相关领导。

2. 建立重点关注学生档案。班主任要密切关注学生的日常动态，做好观察记录。心理老师定期对学生进行心理疏导，对学生的状态跟踪评估，写好辅导记录。每周班主任要与心理老师进行沟通，一旦发现学生情绪和行为异常就及时上报，并做好转介。

我的思考与经验

105. 重度抑郁、自杀未遂的学生可以返校吗？如何与领导、家长沟通？

适用对象：心理老师、家长　　**适用场景**：辅导室
主题分类：个体辅导、复学返校

翁卓祺 回答

> **匿名 提问**：请问重度抑郁且有过自杀行为（被及时发现而自杀未遂）的学生可以回学校吗？如果可以，该如何和学校领导沟通？如果不可以，什么情况下学生才能返校？又该如何和家长沟通？

这种情况确实是心理老师工作的大难点，处理起来需要慎之又慎。

由于学生本人有伤害自己的风险，学校老师又无法在校持续监护，保证学生的安全。因此，我们建议学生申请休学，期间需要去心理咨询机构或医院精神科就诊，待状态稳定后再申请复学。所谓的"状态稳定"，需要医院证明和心理老师对学生状态进行评估。回校前，学校也需要和家长提前沟通回校后的注意事项，并持续跟进学生的在校状态。

无论和领导还是家长，我们都围绕学生的状态这一点进行沟通。不同的是，领导

需要从大局考虑，维护学校的稳定秩序；家长希望努力为孩子争取权益，担心孩子受委屈。如果有条件，我们争取召开联席会议，让校领导、班主任、心理老师和家长一起坐下来，从学校管理的大方向（校园安全、学时计算、休学时长规定等），到考虑学生安全的人文关怀细节（提醒家长注意陪伴、收起家中危险物品等），以及资源的推介（比如本地心理咨询机构、学校和教育局对接的精神卫生中心等），多方协商，争取得到大家都比较满意的结果。

我的思考与经验

106. 学生确诊抑郁焦虑后，上午回校下午回家，我们能建议就干脆在家休息吗？

适用对象：班主任、心理老师、家长　　**适用场景**：教室、辅导室、家庭
主题分类：个体辅导、情绪困扰

鲁洁 回答

匿名 提问：学生去医院检查出抑郁焦虑，但医生没有建议在家休养，只是开药和要求固定回访。学生现在每天早上由家长送到学校，下午请假回家，学生到校时情绪经常不稳定。我的问题如下：①我们能建议家长让学生暂时休学、在家休养吗？②妈妈坚持每天早上送孩子到学校，并陪同上学，一般把妈妈安排在哪比较合适？（之前是提议妈妈在心理办公室陪同）③这些问题是否需要和学校保卫科、德育处、教务处一起协商处理？

近些年青少年抑郁检出率越来越高，自伤、自残、自杀的比率也在提高。很多学校出于校园安全考虑，会建议这些孩子休学在家，而家长又会因为在家没人管又或者是怕耽误学习等原因想让孩子返校，这就会造成双方诉求的矛盾与冲突。

基于此，我们可以参考以下做法。

1. 针对第一个问题。

首先，我们要有这样的意识，现在的医疗系统针对青少年的心理问题一般会根据病情进行诊断、治疗，但不会轻易地建议青少年请假休息或给出是否可以复学这类结论，因为医生也知道这样做会给自己带来潜在的"麻烦"，所以学生是否回家休息，不应只以医生的建议来决定，而是要基于多方观察、现实情况来综合考虑。

从问题描述中，我们可以看出老师和家长在讨论是否回家休养，而没有出现当事人学生的想法。作为教育者，是否建议回家休养，我们可以站在学生利益最大化的角度来看哪种情况对学生更好，同时对于学校来说风险又在可把控、可监督当中。那么我们可以通过医院的诊断、在学校的表现、心理咨询室的辅导来做学生的危机评估，如果风险等级可控，比如只是抑郁症中常出现的抑郁情绪，虽然学生每天只来半天，但学生觉得来学校让他感觉好些，那我们要尊重孩子的意愿，学校也正常履行教育职责；如果风险等级比较高，比如学生时时出现情绪崩溃，家长在身边或是家长出现，孩子的情况就会好，家长又愿意陪读，也是可以的；如果风险等级很高，时常出现自伤自残等行为，甚至自杀等想法，学生在校感觉也不好，那么建议孩子先回家休养，状况好些再返校会更好。

总之，因为我们面对的是学生，认为在学校对学生好的前提下是有给建议的权利，但家长也有拒绝的权利，特别是义务教育阶段的家长。要想家长接受我们的建议，先共情，站在家长的角度看问题，才可能会达到事半功倍的效果。

2. 针对第二个问题。

在与家长达成陪读共识时，就应该跟家长商量陪读的时间及形式。关于把家长安置在哪里合适，就要考虑陪读是否进教室这个问题。

若进教室，家长在班级的参与度需要商议。比如家长是否能在教室使用手机？针对在班级中看到的其他教育教学情况，家长是否可评论或在班级群里发表意见？以及何种情况，家长才能介入其中。这种形式要班级老师和家长都认可才行，至少也得班主任认可。

若不进教室，可以提供给家长几个地方选择，比如学校的接待室、教学楼空教室、每层楼的储物室等，建议所选地方既不影响老师正常的上班及教学，又能在该生出现情绪问题时，家长能及时到场协助解决。换句话说，家长要选择陪读，有时候也需要忍耐一下环境的不适应。

3. 针对第三个问题。

当然可以多部门参与解决，具体哪些部门参与，就要看学校的危机干预方案是怎么样设置的。如果学校没有相应的方案，可以根据情况制订学校自己的危机预防及干预方案，具体可参考《浙江省中小学校园心理危机干预指导手册》，或者在微信公众号"心理老师成长联盟"中搜索相关内容。

我的思考与经验

107. 班主任确诊重度抑郁症，自述有自杀/伤人念头，学校应怎么帮助她？

适用对象：班主任、心理老师　　**适用场景**：辅导室
主题分类：个体辅导、自毁行为

安夏 回答

匿名 提问：学校有一位班主任确诊为重度抑郁症，情绪不是特别稳定，在教育学生的过程中也自述出现过自杀和伤人念头，请问学校应该怎么帮助这位班主任呢？

一般来说，当教师诊断为抑郁症，学校可为其提供一些支持和关怀的措施。在符合教师本人意愿的情况下，根据流程上报当地教育局备案，酌情减免教师的工作量。此外，学校主管部门需做好该教师病程的保密工作，以免引发同事们舆论，教师舆论风气更需要正向引导，营造人文关怀氛围。心理老师可结合平日工作开展职工心理知识宣传活动或知识问答比赛，科普心理健康知识，提升教职工对心理健康维护的认识。

但是，你所提到的情况，已经远不止于此。参考2020年9月1日正式实施的《广东省学校安全条例》第三十条：教职工患有精神疾病、传染性疾病或者其他可能影响学生身心健康的疾病的，学校应当安排其离岗治疗。患精神疾病教职工治愈后，学校应当根据二级甲等以上具备心理或者精神科执业资质的医院开具的医疗诊断证明文书安排其工

作。第三十一条：学校应当对校园网络采取必要的安全管理措施，阻止淫秽、色情、赌博、暴力、凶杀、恐怖或者教唆犯罪等有害信息进入校园网络。

由此得知，这位班主任的情况已经不能继续在岗，需及时上报校方领导，让领导知晓相应法规政策并立即做出妥善安排，让其离岗治疗。

我的思考与经验

108. 学生诊断为中度抑郁时，让家长带去治疗但家长没有做，目前病情严重了，该怎么办呢？

适用对象：班主任、心理老师、家长　　**适用场景**：辅导室、家庭
主题分类：个体辅导、抑郁

安夏 回答

匿名 提问：我是一名初中心理老师，工作中经常遇到一些棘手问题。有个学生上学期就已经在医院诊断为中度抑郁，我和家长面谈时发了《学生心理健康告知书》，让孩子继续接受治疗，家长不想耽误孩子学习，应允放假后带孩子就医。这个学期开学后学生来找我咨询，从学生口中得知家长并没有带孩子去治疗。目前孩子的状况更加严重，每天把自己锁在房间里。家长问我的建议，我明确告知家长现在孩子的情况已经超出心理老师的辅导能力范围，但是家长说去医院治疗得先让孩子从房间里出来。这种情况我该如何应对？

不知道你说的学生现在已经休学、在家休养，还是偶尔来学校？我先假设学生现在是休学状态，站在你的角度，我提几点建议：

1. 《精神卫生法》有几个条款需要关注，也可以告知家长，让家长争取社区的支持。为了孩子的安全，要让家长争取社区社工的帮助，争取获得更多支援力量。相关条款如下：

第二十三条　心理咨询人员应当提高业务素质，遵守执业规范，为社会公众提供专业化的心理咨询服务。心理咨询人员不得从事心理治疗或者精神障碍的诊断、治疗。心理咨询人员发现接受咨询的人员可能患有精神障碍的，应当建议其到符合本法规定的医疗机构就诊。心理咨询人员应当尊重接受咨询人员的隐私，并为其保守秘密。

第四十九条　精神障碍患者的监护人应当妥善看护未住院治疗的患者，按照医嘱督促其按时服药、接受随访或者治疗。村委会、居委会、患者所在单位等应依患者或者其监护人的请求，对监护人看护患者提供必要的帮助。

第二十七条　精神障碍的诊断应当以精神健康状况为依据。除法律另有规定外，不得违背本人意志进行确定其是否患有精神障碍的医学检查。

第二十八条　除个人自行到医疗机构进行精神障碍诊断外，疑似精神障碍患者的近亲属可以将其送往医疗机构进行精神障碍诊断。对查找不到近亲属的流浪乞讨疑似精神障碍患者，由当地民政等有关部门按照职责分工，帮助送往医疗机构进行精神障碍诊断。疑似精神障碍患者发生伤害自身、危害他人安全的行为，或者有伤害自身、危害他人安全的危险的，其近亲属、所在单位、当地公安机关应当立即采取措施予以制止，并将其送往医疗机构进行精神障碍诊断。医疗机构接到送诊的疑似精神障碍患者，不得拒绝为其做出诊断。

第三十条　精神障碍患者的住院治疗实行自愿原则。诊断结论、病情评估表明，就诊者为严重精神障碍患者并有下列情形之一的，应当对其实施住院治疗：（一）已经发生伤害自身的行为，或者有伤害自身的危险的；（二）已经发生危害他人安全的行为，或者有危害他人安全的危险的。

同时，请你留意一下，当地有没有相关学生安全管理的办法或文件，有无具体的操作指引，比如广东省出台的文件对相关工作有明确的界定和指引。

2. 要保留好所有证据。跟家长的沟通要录音，跟学生的沟通最好也录音，或者自己做好记录存档，跟家长和学生如果是微信沟通，要保留好文字或语音聊天记录。

3. 如果学生要返校，建议家长提供精神科医生出具的可以返校证明，这是为了保护学校老师和同学的安全。

4. 你可以和班主任一起上门家访，跟家长沟通，跟孩子沟通，给孩子支持。老师的支持是很重要的。很明显，孩子现在觉得自己无法从家长那里获得支持。也可以请其他老师或者和孩子比较熟悉的同学多和孩子聊聊，让孩子知道自己是有人在乎的，当他难受的时候还有人愿意陪伴他，并借此说服家长和孩子去就医。

我的思考与经验

109. 小学生被诊断为中度抑郁，要采取措施如建议休学、跟领导反馈吗？

适用对象：心理老师　　**适用场景**：辅导室
主题分类：个体辅导、抑郁

安夏 回答

匿名 提问：我的一个学生说她被医院诊断为中度抑郁，我需要采取哪些措施？比如建议休学、跟领导反馈等。

必须向校方领导反馈。心理工作不只是心理老师一个人的工作，需要动员校内资源共同协作，而且校园安全责任第一人是校长。具体后续怎么做，可以参考下面这两位老师的建议。

同行补充

白东（专职心理教师、一级教师、国家二级心理咨询师、达川区心理教育健康协会副理事长）：建议班主任和心理老师详细了解医院诊断和医嘱。一般医生会针对学生的病情明确提出是否采用药物治疗，是否需要心理咨询配合，是否需要在家休养等。心理老师可以根据自己的实际情况判断是否继续给孩子进行心理辅导，如果觉得超出自己的能力范围，可以明确建议家长进行校外专业心理咨询。班主任要跟家长强调让孩子遵医嘱，配合治疗和咨询，注意营造一个良好的家庭环境，多给孩子支持。班主任和心理老师还需要给班级以引导，尽量给学生提供有利于恢复的人际环境。最后，如果班主任反映班上有同学受到此事件影响，心理老师可以有针对性地做团体辅导活动。

程*：学生被诊断为中度抑郁，医生如果没有建议休学或住院，他是可以回学校学习的。学生返校后，我们首先要对他进行危机评估，测评学生有无自杀和自伤风险。如果孩子只是情绪问题，评级没有达到高风险，可以充分尊重孩子的意愿，并允许他自己调整上课、请假时间，以孩子的感受为主。如果测评有自杀的风险，则要求家长陪读和24小时监护，同时告知学校德育处、管委办等部门，组织多方会谈，请家长签署《风险告知书》和《安全协议》。所以心理老师要做的首要工作是对孩子的自杀、自伤风险进行评估，再根据具体情况采取措施，具体的评估方法可以在公众号"心理老师成长联盟"资源库里查找。

我的思考与经验

110．女生遭遇殴打、拍照和视频传播，学校一些学生传播谣言，如何疏导女生？

适用对象：班主任、心理老师、家长　　**适用场景**：教室、辅导室、家庭
主题分类：个体辅导、人际关系、校园欺凌

乔翠翠 回答

匿名 提问：我们学校有个女生遭受了非常严重的欺凌事件。根据班主任反馈，起因是女生抢了别人的男朋友还辱骂对方，对方就找人威胁她的好友，如果不打电话约这个女生出来就砍掉好友的手。女生被好友骗出来后遭到殴打和囚禁。欺凌者扒光了她的衣服，还强迫她把手放到自己的下体，并且拍了照片和视频发给了她男朋友。欺凌者中有个女孩同情这个女生，趁其他人睡觉时把她放走。后来女孩的家人报了警，但只抓到了其中几个人，拘留几天就放出去了，视频和照片也不知道删除了没有。因为欺凌者不是我们学校的学生，也没办法处理。女孩的爸爸和自己的朋友说了这件事，朋友又告诉了自己的孩子，刚好那个孩子是我们学校的，于是学校里也有一些学生知道了这件

事情，甚至有人造谣说她被人性侵。班主任从女生妈妈那里了解情况后就上报给了学校领导，并且告诉班上同学她请假是因为和别人打架。学校领导也找了知道这件事情的同学，要求他们不许再传播此事。现在学校让我对该女生进行心理疏导，我想知道我可以做些什么？

受害者目前是否请假在家？学校危机干预小组要派至少两名老师（包括一名心理老师）前去家访。

第一，要对受害者进行心理危机状态评估，根据评估结果制订相应的干预方案。然后需要与受害者谈论整个事件中她的情绪感受、认知观念、期望的处理结果。既是个体心理咨询，也是对受害者更加全面的评估。需要重点关注女生的应对方式，得到的社会支持，以及对事情发展的把控感。建议心理辅导按如下步骤进行：认识和理解心理创伤；重建自信和自尊；引导情绪表达和释放；培养积极的应对策略；建立健康社交关系。

第二，与受害者父母面谈，了解受害者在家的情绪状态和行为反应，了解家庭成员对这件事的情绪感受和认知，询问目前家庭成员采取了什么办法来帮助受害者。了解他们进一步的诉求，讨论怎么更好地帮助受害者。

第三，心理危机干预小组执行干预方案。

（1）心理老师需要给予受害者无条件的支持与共情，并表明"愿意通过合理渠道（面谈/学校心理热线/心理QQ号等）在方便的时间（如工作日的8：00—22：00，自定）提供帮助。如果受害者无主动来访行为，心理老师可以一周进行2~3次简单询问，了解其情绪状态和当天的活动。当受害者返校后，需要每周与心理老师面谈一次。若一个月后状态无明显好转，建议转介。

（2）学校召开"禁止造谣、传谣"的主题班会。

（3）德育处可邀请法制副校长组织开展"法制讲堂"（最好变成常规活动）。

（4）开展"防校园欺凌"系列活动，杜绝模仿行为，震慑校内习惯对他人爆粗口或动拳头的同学。

（5）批评教育此次事件中的"爸爸的朋友"和"朋友的孩子"。

第四，此事平息之后，开展"青春期性教育课程"，引导同学们建立健康安全的社会关系。

第五，班主任在日常班级管理中，一方面应更多地关注一些可能卷入学生欺凌和暴力事件的学生；另一方面要细心发现可能发展成学生欺凌和暴力的冲突与矛盾，主要包括以下几点：

（1）关注班级中的"小群体""小团体""小帮派"等。

（2）关注弱势学生和特殊家庭学生群体。

（3）关注班级中乐于表现的学生、有一定影响力的学生、争强好胜的学生、班级里的"小霸王"等。

（4）关注学生间不经意的带有侮辱性的外号和辱骂行为。

（5）关注学生间的小矛盾、小冲突及彼此间的嫉妒等。

📝 补充知识点

《防治中小学生欺凌和暴力指导手册》（教育部基础教育司组织编写）中对校园欺凌事件的处理流程建议：

（1）若认为是一般性学生冲突事件，教师应使用常规的班级教育对学生进行批评与辅导。

（2）若为欺凌萌芽事件，教师不可掉以轻心，需要了解学生欺凌萌芽背后的原因，并按照欺凌萌芽的处理流程进行处理。

（3）若判定为学生欺凌事件，教师则需要立即将事件的完整经过汇报给学校防治学生欺凌和暴力事件领导小组，对事件的性质做进一步的判定，并制订具体的处置办法。

（4）若判定为校园暴力事件，教师应想办法在第一时间制止校园暴力行为，保证学生的人身安全，然后由防治学生欺凌和暴力事件领导小组对校园暴力的性质进行判定，并制订干预和处置计划。

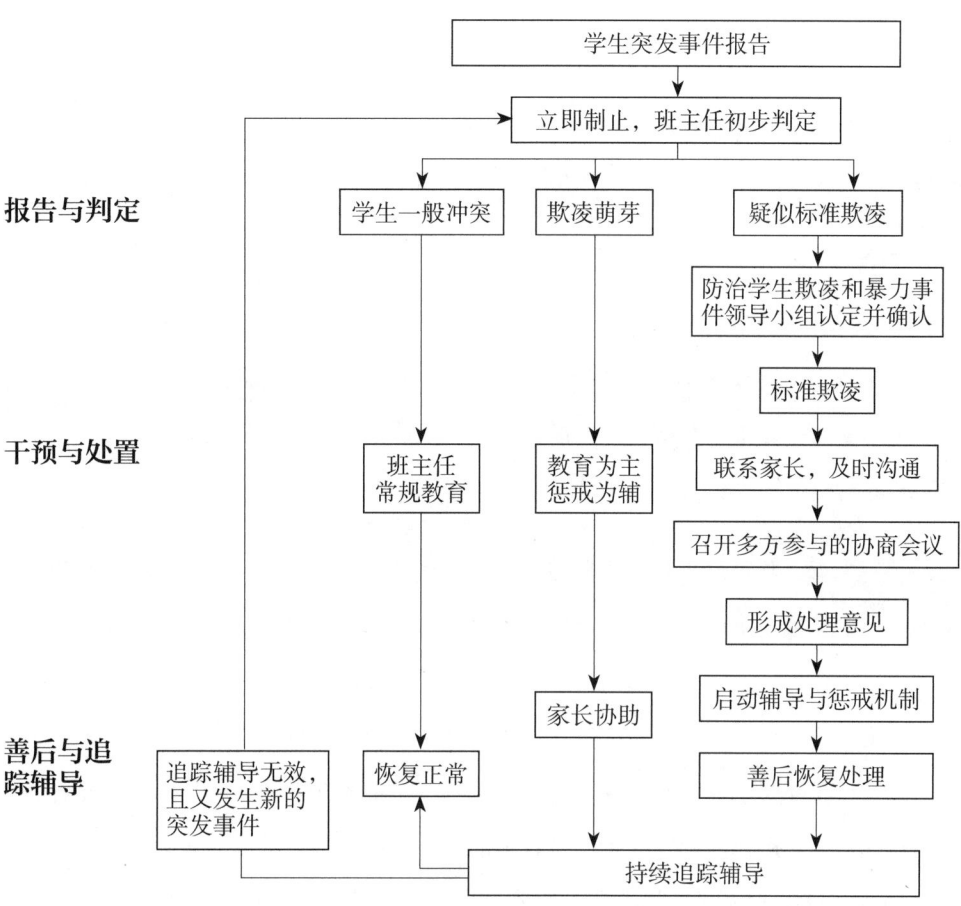

学生欺凌和暴力事件处理流程图

我的思考与经验

111. 本校生与外校生发生欺凌事件，该如何处理？

适用对象：班主任、心理老师、家长　　**适用场景**：教室、辅导室、家庭
主题分类：个体辅导、人际关系、校园欺凌

乔翠翠 回答

> **匿名 提问**：我校一名初二女生和A校一名女生结伴去B校找两名女生玩，四名学生后来发生口角，我校女生同其他两人把B校一女生给打了，还拍了视频（但未上传网上）。之后我校女生不愿意回学校上课，她学习成绩很不错，还获过奖。现在学校把她劝回，让我对她进行心理辅导。请问老师，我该从哪里下手，怎样辅导？

从描述来看，你校女生是一个欺凌者。先要做的是搞清楚欺凌的真实原因和类型。欺凌者分以下几种：①典型欺凌者：性格霸道、冲动，倾向使用暴力欺压他人。比较以自我为中心，在任何问题上会倾向于寻找别人的错漏，而不会反思自己，这类人通常有过人的能力，或者成绩优异，或者力气过人，共情能力差，不会对受害者产生同情、愧疚，导致欺凌不断持续。②被动欺凌者：并非直接挑事的施暴者，而是看见欺凌者的暴力行为得逞后，协助及附和欺凌者。这种被动欺凌行为，有些是借此保护自己，和施暴者站队捆绑，免受欺凌。有些则是对欺凌过自己的被欺凌者的反击，是一种不理智的"报仇"行为。③无意识欺凌者：对校园欺凌界限模糊，当众嘲笑、辱骂以及替别人取侮辱性绰号等。看你的描述，这个女生更像是第一类。

接着，要搞清楚她为什么不愿意返校？是出于愧疚（已经认识到错误）、害怕被惩罚（未必认识到错误）还是逃避责任（未认识到错误）？

其次，在这个过程中，她的家长/其他监护人做了什么，是否主动承担责任？

再次，了解这位女生此前是否存在情绪问题（嫉妒、暴躁、焦虑等）？或是否存在模仿（家暴、身边的欺凌事件或网络传播的信息）？

收集以上信息后，我会针对性地一一解决。如果该生存在情绪问题，需要解决情绪，并做训练。如果是模仿他人，需要进行认知调节，后续仍需监督。如果她根本没有意识到自己的错误，就要进行法治教育。

最后，该生的家庭教育需要认真补课，不管是本次事件的处理和善后，还是未来对孩子的关爱和教育。

我的思考与经验

112. 女生被欺凌后有轻生念头,各方都做了努力,欺凌者却没悔改,要怎么做呢?

适用对象: 班主任、心理老师、家长　　**适用场景:** 教室、辅导室、家庭
主题分类: 个体辅导、人际关系、校园欺凌

翁卓祺 回答

> **匿名 提问:** 有个女生因为被班上几个男生言语攻击、背后议论,情绪很低落,甚至出现了轻生念头,最后该女生选择报警。校领导约谈了几个男生的家长,派出所也有介入。班主任还和几个男生进行沟通,我也在他们班专门开设了防止校园欺凌的相关课。但是我感觉那几个男生仍然没有悔改,言语中透露着不满,甚至在我提及常见的欺凌行为有哪些的时候,有一位男生直言"报警"。遇到这种情况我该怎么做? 补充:该女生反映从上学期开始这几个男生就议论她。在这次报警事件发生之后,班主任才知道这个情况。

我们先梳理一下:这是一个校园欺凌事件。看上去校领导、班主任、家长、派出所和心理老师,各方都做了自己的努力。我从你的提问中感受到一些无力,似乎这一切并不能让当事女生完全脱离受欺凌的情境。你有一些压抑,想更多地为她做点什么。

面对这种情况,作为心理老师,我们可以约谈当事女生,对事件造成的创伤进行辅导,包括:

1. 如果无法转班/转学,又要在学校继续面对那几个男生,自己能通过哪些方式调适情绪或应对挑衅,加强她的自我保护功能。

2. 多联系家长和班主任,构建当事女生的社会支持系统,让她感受到来自周围的支持力量,而非指责或不理解。

3. 对当事男生,我们也可以考虑约谈。如果对方抵触情绪过重,可以试着从其他

事件入手，了解他们的想法，改变他们的认知。

　　以上，是我们在职责范围内力之所及的帮助。如果还是无法改变现状，也请不要过分自责，毕竟有些事情不是单纯通过心理工作就能得以扭转的。家庭教养方式、社会文化环境等因素也很重要。在这个过程中，请务必做好自我照顾，觉察自己的无力感，必要时找同行抱团，获得支持。

我的思考与经验

113. 医生同意自伤自残学生可以返校，返校后该如何跟进处理？

适用对象：班主任、心理老师　　　**适用场景**：教室、辅导室
主题分类：个体辅导、自毁行为、返校复学

王雅 回答

　　匿名 提问：学校有个自伤自残的学生，临床检查结果显示轻度抑郁、轻度焦虑，医生说学生可以返校。这个检查结果我会作为参考，学生返校后我该怎么做？

　　是的，这是个很棘手的问题。你可能会遇到两种情况：一是医生知晓学生自伤行为并出具返校证明，二是学生向医生隐瞒了自伤行为。针对不同情况，我们可以采取以下措施：

　　第一种，医生知晓学生自伤行为并出具返校证明的情况下：

　　（1）建立联合干预小组，成员包括：学校行政领导、班主任、心理老师、学生心理委员（如有）、家长，了解医生的建议，确保学校和家庭能够紧密合作，共同为孩子提供必要的支持和关注。

　　（2）提供学校心理辅导，特别是情绪方面的辅导，以帮助学生更好地应对情绪和处理压力。同时，做好心理辅导记录，以便及时记录学生的变化和进展。

（3）注意观察学生的自伤行为，判断其背后的动机。如果发现学生是为了博取他人关注而做出浅层伤害，可以尝试给予他其他形式的关注，如提供表现机会，以转移他对自伤的注意力。

（4）开展家校联合干预，保持及时沟通。一旦学生情况出现恶化，学校应立即与家长和医生反馈，并制订相应的应对策略。

第二种，学生向医生隐瞒了自伤行为的情况下：

（1）如果你观察到学生在校的情况十分严重，例如无法参与学校的活动、自伤伤口很深，这时你需要向家长、学校反馈这种情况。

（2）与家长沟通，如果病历或诊断证明中未提及自伤行为，可能是学生隐瞒了相关事实。这里要注意的是，如家长不愿意提供病历则不能强求，因为这并非法律上强制要求的义务。

（3）在这种情况下，学生的自伤行为可能不是为了博取关注，而是真心想伤害自己。这需要与家长和学生进行深入沟通，了解他们的真实想法和感受，并共同寻找解决方案。

（4）如果发现学生的自伤行为较严重或有恶化趋势，应立即与专业机构联系，寻求进一步的支持和治疗。

总之，处理这类情况需要耐心、理解和支持。通过观察学生的行为，与家长和医生保持沟通，以及提供适当的心理支持和辅导，帮助学生更好地适应学校生活。

同行补充

小*： 很多时候家长为了让孩子早日复学，在就诊时可能会避重就轻，比如不讲孩子自伤行为等，所以就出现了医生诊断和我们在校观察不一致的情况。

阿*： 学生是否信任学校，很多时候取决于学生和班主任的关系。如果学生信任班主任，大概率不会隐瞒自己的情况。

补充知识点

联合干预小组：由学校行政领导、班主任、心理老师、学生心理委员（如有）、家长组成。主要工作包括定期召开工作会议，针对可能出现的学生心理问题制定干预措施，对被转介的学生情况进行深入分析，并针对由家庭教育引发的问题制订教育疏导措施。在具体的实践中，联合干预小组需要根据学生的具体情况和需求，制订个性化的干预和支持计划，并定期进行评估和调整，共同促进学生的健康成长和发展。

我的思考与经验

114. 因心理问题休学的学生，返学后的访谈要怎么做？

适用对象： 心理老师　　　**适用场景：** 辅导室、文书工作
主题分类： 个体辅导、复学返校

闫芳 回答

> **匿名 提问：** 学生因心理问题休学治疗，现在返校复学。除了了解学生的诊断结果，我在对学生访谈时应注意哪些问题？有没有相关的访谈提纲可供参考？

首先，要跟学生说明心理老师的工作界限，心理老师没有资质做治疗，如果学生的心理问题没有完全恢复好，一定要遵医嘱服药和复查。

其次，在访谈时一定要完善学生的档案。内容包含学生个人基本信息、父母基本信息、家庭成长情况、主要的病理表征、病程、治疗过程和恢复情况。过程中注意不要过度深究学生痛苦的回忆，造成二次创伤。

最后，要根据学生的情况决定回访频次，情况相对严重的需要家长签署《安全责任书》，同时每周回访一次。情况相对好转的，可以半月回访一次。没有病理表征、情绪稳定可以适应在校学习生活的，可以每月回访一次。

同行补充

彭超（高中专职心理教师、硕士，曾获烟台市心理健康优质课一等奖、烟台市高中心理健康教育在线优质课程资源一等奖）：对于休学的学生，首先可以了解其在医院的诊断结果、治疗情况以及现状。了解学生是否符合复学条件，医生的建议是什么？如果

不具备复学条件，则要建议学生继续进行专业治疗，老师每月进行回访。若学生具备复学条件，要与家长签订《知情同意书》。学生如果愿意进行咨询，可以每周预约辅导。老师要严格遵循咨询制度，做好记录。当出现保密例外的情况时，及时与班主任和家长沟通。

我的思考与经验

115. 确诊为精神分裂症的学生返校后，心理老师可以做些什么？

适用对象：心理老师　　**适用场景：**辅导室
主题分类：个体辅导、复学返校

闫芳 回答

匿名 提问：我校有一个确诊为精神分裂症的学生，开学之后一直在家里休养，最近开始复学。请问学生返校后心理老师可以做些什么？

如果学生没有完全康复，不建议其返校复课。如果已经康复，最好出具医院开具的相关证明。

首先，返校前我们要进行一对一的评估，可以借助测评系统做问卷测试，请学生根据实际情况、第一反应真实作答。

其次，我们要进行面询，了解学生休学、复学的起因和经过，为学生建立个人档案，最好能收集学生就诊医院的确诊证明和康复证明。如果学生的情绪状态不适宜返校就读，必须开具转介建议书，建议学生到有资质的专业机构或医院接受进一步的诊断和治疗。如果心理老师评估学生的情绪状态可以返校复课，需要和家长签署《安全责任协议书》。特殊事项请提前通知班主任和校方。

最后，要和班主任沟通学生的情况，请班主任在注意保护学生隐私的前提下多关注其情绪和行为表现，如果有明显的情绪变化和过激行为，要第一时间联系家长和心理老师。

在学生返校复课后，心理老师必须定期追踪学生情况，做好相关记录，直至学生毕业。

同行补充

刘冰（高中专职心理教师，华中师范大学心理学硕士、国家二级心理咨询师、区教研室成员）：在与该生进行咨询时，应注意以下症状的应对策略：

1. 幻觉、妄想：不争辩，帮助学生找到应对幻觉妄想的方法；帮助学生不予理睬或做其他事分散注意力；教会学生只和医生或亲属讨论病情，避免其他人对自己产生负面态度。

2. 缺乏动力：可以跟学生约定每天最少应该完成的任务，建议参与适合的社交活动。

3. 焦虑：和学生讨论他所害怕的事物，并适当安慰；帮助学生避开容易受惊的场合或事物；如学生对某些事物特别害怕，可试一下"脱敏"疗法；需要时和医生讨论。

4. 抑郁：认识某些常见的抑郁感受；针对现实目标，要求学生分几小步逐渐达到；如抑郁恶化，必须及时就医。

5. 自杀想法：识别预兆，必须慎重对待，并建议及时就医。

同时，在咨询时注意使用交流技巧、提供人际支持和积极情绪等。

1. 交流技巧：不要在感到烦恼时与学生交流，否则容易影响交谈效果。除了语言性交流，还可以进行抚摸、拥抱等非语言性交流的亲昵行为。每次交流只讨论一个主题，从积极性的内容开始交谈。避免批判性意见、敌对指责、过分苦恼、哭泣、过分自我牺牲、过分保护性行为等。

2. 人际支持：家庭成员、班主任、心理老师需要掌握精神疾病的病因、症状、病程、治疗等知识，鼓励、督促学生坚持服用药物，减少复发和防止症状恶化。鼓励学生适当参加课外活动，引导学生建立兴趣爱好，在活动中获得快乐和体现自身价值。

3. 增加积极情绪：在精神疾病中，学生是"负面情绪专家"，较少留意生活中的积极情绪。要引导学生建立平衡健康的生活方式，鼓励学生为自己创造、记录、积累愉快的情绪，可通过表格记录每日让自己愉悦的事情。

我的思考与经验

116. 在家服用大量安眠药的学生，返校后该如何跟进？

适用对象：心理老师、班主任　　**适用场景**：辅导室
主题分类：个体辅导、自毁行为、复学返校

闫芳 回答

> **匿名 提问**：学校有个学生因在家服用大量安眠药而休学，该生返校之后，作为心理老师该怎么应对？学生返校需要提供相关证明吗？学校没有相关规定，作为新加入的心理老师我也不知如何处理。

首先，要了解学生的个人基本信息，离校和返校时间，服用大量安眠药的原因以及康复情况。

其次，要填写《学生返校心理状况评估意见表》，同时为学生建立个人档案。

如果是心理问题，建议用专业的心理量表进行心理测评（高中生可用SCL-90，小学生或初中生可以用MHT，再加上PHQ-9），配合心理老师的面询情况，综合判断该生是否可以返校。如果情绪状态不适宜返校就读，必须开具转介建议书，建议学生到有资质的专业机构或医院，接受进一步的诊断和治疗；如果心理老师评估学生的情绪状态可以返校复课，需要家长签署《安全责任协议书》。

最后，要根据来访者的情况决定回访频次，情况相对严重的每周回访一次。情况相对好转的，可以半月回访一次。没有病理表征、情绪稳定可以适应在校学习生活的，可以每月回访一次。

同行补充

谢晓燕：学生在家中服药自毁，属于严重极端行为，需要列入心理危机干预的范畴。先处理当前紧急状况，再处理诱发问题的原因。

当学生返校后，心理老师、班主任和学校危机干预工作小组需要继续对其进行危机后的干预和跟踪，这涉及学校、学生以及家长三方的协作。作为心理老师或者班主任，需要在第一时间让上级领导（尤其是分管德育的主任、副校长和校长）、家长和学生都能正视这件事情。

对领导，和相关老师交流信息之后要向上级进行报备，让学校领导了解事情，做到

心中有数。

对家长，要和其进行面谈，了解学生当下的家庭状态、家庭氛围、父母的教养方式等，并提供一定的家庭教育指导。在孩子发生服药事件后，家长需要知道如何与孩子相处。建议做法有：多陪伴，少说教，不强调之前发生的事情，给孩子默默地传递自己的力量，支持他度过这段时间。

同时积极关注孩子，关注其内在需求。当然，如果是因为家庭导致的诱因，那么只能将要求降低，如不要用语言和行为刺激孩子，避免再次发生自毁行为。多观察和了解孩子的行为和居家习惯，杜绝再次发生自毁行为；对于学生本身，其返校后的心理状态则是需要校方和老师必须关注的。我们可根据学生的出院记录、心理测评诊断进行初步评估，在学生返校一周后，由心理老师再次对其进行相关的心理测评，综合班主任意见评估该学生是否适合复学。同时，心理老师邀请学生进行一对一的心理访谈，了解其存在的困扰。班主任要重点关注学生在校的举动，包括上课状态、人际互动等。

关于学生返校所需提交的文件，现阶段除了传染类疾病要求出具医院诊断证明以及医生出具的出院证明之外，并没有适用这一类行为的具体返校复学指导证明。

陈文镕（一级教师、国家二级心理咨询师）：据我所知目前没有具体的返校复学指导文件。我校对此类学生一般是先评估，学生、心理老师与学生家长进行会谈，邀请学生和家长参与心理测评，综合进行评估。会谈内容一般是关于学生的睡眠、人际，以及返校涉及的一些问题的看法。心理测评我们是用微信公众号"心理老师成长联盟"推荐的中学生心理健康测评（家长版和学生版）。复学程序一般是学生先走读，适应一段时间（三周左右），再由学生自主申请住宿。心理老师在复学前期（两个月内）保持每周与学生会谈一次；主动与班主任了解情况，后期持续关注。

李南（高中专职心理教师、温州大学教育学硕士、国家二级心理咨询师、山东省心理健康教育先进个人）：学生返校前，首先制订返校后的心理疏导预案，帮助了解学生的心理动态。其次，评估自杀风险。对返校学生进行心理危机和心理状态评估，主要包括自杀、自伤计划，既往相关自杀、自伤经历，目前面临的现实压力、拥有的支持资源、身心状态等，结合心理专业量表和专业机构的诊断证明，综合判断学生是否可以返校。学生返校后，定期跟踪学生的心理动态。班主任定期汇报学生返校后的情况，一旦发现情绪和行为异常及时反映给学校心理老师，心理老师及时进行评估反馈。心理老师定期为学生提供心理支持，帮助学生尽快适应返校后的学校生活。

我的思考与经验

✏️ **补充知识点**

学生返校心理状况评估意见表

填表日期：　年　月　日

姓　　名		性　　别	
出生日期		班　　级	
学　　号		联系电话	
离校时间		返校时间	
离校原因：			
医院康复诊断：			
心理测试结果：			
心理咨询老师面询情况：			

学生心理发展中心意见： 签字： 　年　月　日	教务处意见： 签字： 　年　月　日	学校意见： 签字： 　年　月　日

117. 因控辍保学让学生来校，但他也不愿学，班级氛围差，该如何入手处理？

适用对象：班主任、心理老师　　**适用场景**：教室、辅导室
主题分类：个体辅导、学业困扰、复学返校

王雅 回答

> **匿名提问**：我们学校"控辍保学"的形式比较严峻，学生厌学情绪严重，一部分学生来了学校也不好好学习，上课就睡觉；老师也不敢说他们，怕他们因此不回学校，这导致班级的学习气氛很差。班主任让我找他们谈话，但咨询时学生要么不回答，要么说就是不想读书。这类学生中初二女生居多，放学后喜欢去夜店、酒吧，有的甚至还出去开房。我经验有限，实在不知道怎么入手辅导这些孩子，而且对于他们这种情况我很难做到共情，他们也不愿意开口。不知道其他心理老师有没有遇到过这种情况？

给你提供以下几个方面的思路：

1. 首先需要提醒的是，学校目前的这种状况并不是你一个人可以改变的，需要学校、班主任、家长的联动。而且，并不能确保我们做完相应的工作后，学生就一定能够改变。

2. 我们需要给学校负责德育的领导提出建议，开展德育活动，引导学生树立正确的价值观，建立良好的校风学风。把活动、班会课、黑板报、广播站联动起来，让学生发现自己和周围人的闪光点，理解什么样的特质可以赢得尊重，对学校有归属感。比如开展校园十大歌手比赛、文明之星等；比如班主任可以开展相关主题班会课，引导学生理解什么样的行为才能受到他人的尊重。

3. 开展心育活动，重拾学业信心。个别学生觉得生活没有动力，学习没有意义，我们可以通过"5·25活动周"的方式，例如"发现我的小确幸"，让学生发现生活的美；再比如评比"阳光之星"，可以细分为"助人之星""励志之星""微笑之星"等，在评比中不看成绩而是挖掘学生本身的闪光之处。

4. 开展针对性的团体辅导。对于有同类问题的学生，心理老师也可以开展小团体辅导活动。例如出现学习信心不足、学业压力过大等情况时，可以邀请学生来参与团体辅导，让他们相互支持、获取力量。

5. 对于问题严重的个案，需要由校方领导负责组织、开展家校联席会议。孩子如此不在意学习、不珍惜自己，跟家庭的教养肯定是密不可分的，我们需要尽可能联合家长的力量，这个会议本身也是学校是否尽责的过程性依据。我们也需要班主任和学校分管德育的领导共同出席会议，家校联合；对会议过程做好记录，相关到场人员要签名。根据会议讨论，如果判定有必要的话，可以建议家长带孩子转介寻求更专业的帮助。

6. 对于去夜店和酒吧，已经违反了学校的校纪校规，有的行为甚至违法，要交给学校按违纪处理，严重的交派出所处理。

我的思考与经验

118. 班级同学突发车祸去世，怎么对整个班级团体进行干预和疏导呢？

适用对象：心理老师　　**适用场景**：辅导室
主题分类：个体辅导、哀伤辅导

闫芳 回答

匿名 提问：学生因突发车祸去世，应该怎样对整个班级团体进行干预和疏导？应该告诉同学们真相吗？如何带领他们和自己的同学告别呢？作为一名年轻的心理老师，这件事对我来说有些难度，希望得到你们的帮助！

我认为应该告诉学生们真相，因为即便我们不说，他们也会通过其他途径知道，不如直接面对，但只需要简要说明事件即可，不要详细描述具体的车祸过程。

可以对所在班级做团体哀伤辅导。

第一步接纳事实，让学生们明白并接受同伴去世的事实。

第二步表达情感，可以用空椅子技术，让学生表达出对逝去同伴想说的话，或者向可以代表逝者的物品表达自己的感受，或者是把自己想说的话写下来。通过表达使内心趋于平和。这个过程帮助学生完成与逝者没来得及的告别，宣泄了学生们的思念与哀伤。

第三步调整和适应，将代表逝者的物品和同学们写给逝者的话用瓶子或箱子封存起来，由老师好好保管。对于高学段的学生也可以用保险箱技术，就是想象有一个保险箱，我们把由于丧失导致的负面情绪和对逝者的思念都打包封存进保险箱中，钥匙由自己掌管，并且可以让学生们自己决定是否愿意以及何时打开保险箱的门，来重新触及那些记忆以及探讨相关事件，这样可以在较短时间内缓解当事人的负面情绪。

第四步重塑价值、珍爱生命，鼓励学生们要带着逝者未实现的愿望更加积极地生活，让自己的生命更有意义、更有价值。

对于低学段的学生，可以推荐他们阅读绘本《爷爷变成了幽灵》、观看动漫《飞屋环游记》。对个别情绪反应极大的学生可以进行个体哀伤辅导，最好能得到家长、学校的配合。面向学生家长进行生命教育，让家长给学生们提供积极向上的力量。家校合力，一起助力学生健康成长。

以上建议要结合学校的实际情况，请酌情采纳。

同行补充

秦荣彩（高中专职心理教师、陕西师范大学心理学硕士，曾获省级心理教师基本功大赛一等奖）：非常赞同闫芳老师的思路。在我国的文化中，人们对于死亡话题往往避而不谈。对青少年而言，朝夕相处的同伴突然离世所带来的强烈情感冲击却不容忽视。哀伤辅导中，情感的表达是非常重要的，可突破口头语言表达的限制，采用绘画、沙盘等非言语的表达性艺术辅导方式，帮助学生表达情感、调适情感冲击。

我的思考与经验

119. 室友目睹女生自残后出现情绪反应，怎么对该室友进行辅导呢？

适用对象：心理老师　　**适用场景**：辅导室
主题分类：个体辅导、自毁行为

闫芳 回答

> **匿名 提问**：我校有一女生划手腕自伤，现在已被接回家休养。女生的室友因为此事出现了一系列的情绪反应，我应该怎么对她的室友进行心理辅导呢？

同伴间的相互影响对每个个体而言，都是很大的，尤其是格外关注同伴关系的青春期的学生。好朋友间经常会受到情绪的相互影响，甚至是行为相互模仿，所以才会出现结伴跳楼的恶性事件。因此当一个孩子出现了危机事件，对于他的亲密朋友而言也是一次创伤事件，也会受到情绪上的影响，甚至可能会出现一系列的应激反应。所以我们在处理危机事件的时候一定记得主动做好周围同伴的情绪疏导工作。

在做女生室友的心理辅导时，首先应该理解和接纳她出现的情绪反应，告诉她这些情绪的出现是因为你们的友谊，是源自你本性的善良，这些都是值得肯定的。其次，如果她明确知道室友有自伤行为的话，就不需要避讳，跟她说明每个人在面临巨大的压力或者困境时都有自己的方式来缓解压力或者试图突破困境，我们应该理解和接纳室友的行为，这是她突破困境的方式，但是这个伤害自己的方式不够合理。我们可以帮她一起想想更加合理有效的方式。最后，可以从珍爱生命的角度和学生探讨生活的意义，并寻找适合自己的释放压力的途径。

面对危机事件的心理辅导是个系统工程，我们应该和班主任及时沟通孩子的情况，让班主任在平时的教学工作中多关注学生的情绪状态。同时做好家校沟通，和家长及时反馈孩子在校的情绪状态，提醒父母关注孩子的心理健康，平时多带孩子一起运动、做家务，做好亲子沟通，给孩子有力的心理支持。

一般一个月后创伤的反应会逐渐消退。如果两个月还没有恢复，可能要考虑创伤后应激障碍，应告知学生及家长及时到有资质的心理机构进行相关治疗。

同行补充

李宁：首先，老师需要收集足够信息，并客观评估这位室友的心理应激状态，从情绪强度、类别、频率、持续时间、睡眠、饮食、社会支持、既往史、现实压力等多个角度进行评估。如果发现疑似DSM-V中提到的创伤后应激症状，需立即转介就医。

此外，其他室友的状态也需要评估，有可能尚未表现，根据评估的结果决定是否转介就医。如果室友们都不存在需要转介的情况，可以考虑对这个宿舍的同学采用危机晤谈的形式，进行集中的团体干预。也可以根据晤谈后的反馈结果，了解同学们的个性化需求，再针对性地提供个体辅导。具体过程，可以参考《广东省中小学心理危机干预手册》。

李南（高中专职心理教师、温州大学教育学硕士、国家二级心理咨询师、山东省心理健康教育先进个人）：首先处理情绪。先采用正常化技术，告知学生目睹女生自伤后的情绪反应是正常的或可理解的，其他人也会有类似的情绪反应；对学生进行心理健康教育，让学生接纳自己的情绪，出现任何情绪反应都是可以理解的。然后解决问题，寻找引发学生情绪反应的原因，引导学生找到解决问题的方法，突破认知狭窄的困境。

我的思考与经验

后　记

这本书的出版是一次知识共创的实验

这本书最后附的拉页，是致谢页，也是"心理老师成长联盟"万名"付费会员"的姓名墙。之所以会有这本书，是因为这些问题，来自全国32个省、自治区、直辖市，上万名奋战在一线的心理工作者所提出来的困惑。这里面，有的是一些老师问得很简单的问题，有的问题可能最后都没有办法解决，而有的答非所问或者问非所答。我们将这些问题原原本本地呈现出来，这仿佛是一个社会实验，因为考虑到部分案例需要做匿名处理，以最大程度保护这些求助的老师和深受心理困扰的学生。我们通过一面致谢墙，感谢所有提供了案例的老师们，让我们得以完成这次有趣的知识共创实验。

通过这些问题，我们可以看到许多有趣的事情：原来，学校心理工作者要面对如此复杂的学生心理问题。原来，他们像是在看不见的战场上，孤立无援但依然奋勇直前。而这些姓名墙，更像是一个群体画像，描绘出一个默默无闻的英雄团体。他们其中，有的可能自己还是个孩子，有的也许自己的人生课题都没有解决却不得不面对如何帮学生解决他们的问题，而有的甚至连基本的专业技能都没有打磨好，仅仅是学校安排就匆忙上阵，而有的则抱着"还可以做得更好"的期望，不断向同行学习，积累更多的实践经验。但不管他们是谁，我们看到的是，他们没有放过任何一个求知求证的学习机会。这才有了"心理老师成长联盟"的诞生。

就像一群在黑夜中负重前行的人，每个人点起的微弱火光，汇聚到一起，就成了漫天的星光。联盟存在的意义，就是聚合尽可能多的心理工作者和对心理感兴趣的人，让我们的声音被放大，被听见，让同行的互帮、互助、互利得以实现。

本书内容的前身，来自"心理老师成长联盟"的导师问答库。我们相信一点：向有经验的人请教，能够少走许多的弯路。前辈的经验，可以让我们避开许多的坑，省下许多试错的时间。有时候，我们一直深受其苦的问题，其实在别人那里，不过是一句点拨就能解决的。学校场景下的心理工作越来越复杂，光靠个人去不断摸索不断碰壁后总结经验，有时候效率真的不高。如果想快速成长起来，至少你需要明确努力的方向，做对的事；然后请教同行前辈的工作思路，学会如何做事；最后才是不断学习各种专业技能，补足和积累如何做事的能力。用作品说话，用输出倒逼输入。很多心理工作者，往往一开始就是死磕自己的专业技能，却忽略了积累更多关于如何开展工作的处置思路和如何发展的努力方向，也没有将自己的工作积累，用作品输出的方式将知识沉淀下来。

因此，就有了这场知识共创的实验。本着来源于一线，服务于一线的理念，我们从"心理老师成长联盟"过去三年，同行提问的上千条问题中，挑选具备代表性的，并交由原来回答的一线导师来作答。在这个过程中，把过往同行补充过的回答，也整理其中，让大家能够在同一个问题看到不同人给出的不同视角。有些问题的背景信息不完整，但也采纳了进来。目的是让大家意识到，有时候能问一个好问题，才能得到更有效的回答。如何提问，如何思考，本身也是需要学习的。

最后要分别感谢。感谢所有提问的一线老师们，不管是班主任、心理老师、德育老师、地方教研员、驻校社工还是行政领导，你们遇到的困难，将为同行老师们提供许多行业积累的经验，这些经验，也将极大地帮助到看到本书的读者，看到学校心理工作不为人知的一面。

感谢白东、陈曦、陈文镕、黄珊珊、刘冰、杨翠、李南等老师，本书采纳了部分你们回答的问题。

感谢遇到各种心理困扰，依然能选择主动求助的老师们。是你们的主动暴露，让我们知道有心理困扰主动求助并非一件可耻的事，反而是很勇敢、有能力的表现；是你们的遭遇，让我们看到了儿童青少年的心理问题，背后成因有多么的复杂；是你们同样的问题不同的表现，让我们能快速辨别出问题的本质和共性的解决思路是什么，帮助更多心理人快速成长起来。

因为时间仓促，本书难免有一些遗憾和缺陷，但本书并非完结。希望一两年后，我们能为你带来这本书的2.0版本。届时，我们将探索更有趣的知识共创方法，让更多的人能参与进来共创，做一本属于心理人独有的书！如果你有关于本书的更多设想和建议，欢迎通过邮箱bd@qnxsx.com与我们联系。